公共卫生思政系列

卫生管理学课程思政案例集

黄奕祥　胡汝为　主编

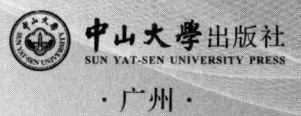
·广州·

版权所有　翻印必究

图书在版编目（CIP）数据

卫生管理学课程思政案例集/黄奕祥，胡汝为主编 . —广州：中山大学出版社，2023.12

（公共卫生思政系列）

ISBN 978-7-306-07898-8

Ⅰ. ①卫… Ⅱ. ①黄… ②胡… Ⅲ. ①高等学校—思想政治教育—教案（教育）—中国 Ⅳ. ①G641

中国国家版本馆 CIP 数据核字（2023）第 170077 号

WEISHENG GUANLIXUE KECHENG SIZHENG ANLI JI

出 版 人：	王天琪
策划编辑：	吕肖剑
责任编辑：	潘惠虹
封面设计：	曾　斌
责任校对：	周明恩
责任技编：	靳晓虹
出版发行：	中山大学出版社
电　　话：	编辑部 020-84110283，84113349，84111997，84110779，84110776
	发行部 020-84111998，84111981，84111160
地　　址：	广州市新港西路 135 号
邮　　编：	510275　　　　传　真：020-84036565
网　　址：	http://www.zsup.com.cn　E-mail:zdcbs@mail.sysu.edu.cn
印 刷 者：	佛山市浩文彩色印刷有限公司
规　　格：	787mm×1092mm　1/16　12.25 印张　170 千字
版次印次：	2023 年 12 月第 1 版　2023 年 12 月第 1 次印刷
定　　价：	48.00 元

如发现本书因印装质量影响阅读，请与出版社发行部联系调换

编委会

主编 黄奕祥 胡汝为

编委（按姓氏笔画排序）

王 欣　王 琼　王皓翔　匡 莉

刘汝青　杨廉平　吴少龙　张 慧

陈丽金

融思政教育于专业培养

——"公共卫生思政系列"丛书序

陈春声

做好课程思想政治（简称"思政"）工作，是落实"三全育人"理念具有关键性意义的重要环节。如何在每一位任课教师的专业课程教学过程中，道法自然，润物无声，将思政教育的养分有机融入高层次专业人才培养的土壤之中，有效地达到知识传授、价值塑造和能力培养多元统一的目标，仍是高等教育界各位同仁正在孜孜以求的重大课题。令人高兴的是，中山大学公共卫生学院的教师们在自己的专业领域做了可贵的探索。中山大学出版社出版的"公共卫生思政系列"丛书，为课程思政工作提供了一个可重复、可借鉴的范例。

中山大学公共卫生学院的教师们在教师党支部的引领下，结合各二级学科的特点和资源，胸怀"立德树人"，培养德智体美劳全面发展的公共卫生事业年轻一代专业工作者的责任感和使命感，编写了《职业卫生与职业医学课程思政案例集》《流行病学课程思政案例集》《儿童少年卫生学课程思政案例集》《营养与食品卫生学课程思政案例集》《环境卫生学课程思政案例集》《卫生管理学课程思政案例集》《卫生毒理学课程思政案例集》《卫生统计学课程思政案例集》和《百年党史中的公共卫生》9本与专业教学内容密切配合的辅助教材。这些教材以丰富、生动的专业案例，着力让学生从公共卫生与预防医学专业课程中体验和感悟爱国精神、专业精神、求实精神及奉献精神，恪守规范，自成体系，讲求情理融汇，以文化人。这样的努力，真的是难能可贵。

公共卫生与预防医学旨在以多学科融合的方式，组织社会力量共同努力，改善环境卫生条件，培养人们良好的卫生习惯和文明的生活方式，研究疾病的发生与分布规律以及影响健康的各种因素，制定预防对策和措施，预防与控制传染病和其他疾病的流行，提供医疗服务，达到促进人民身体健康、提高生命质量的目的。因此，公共卫生与预防医学学科的专业教学内容，天然地蕴含着关注人群、造福百姓、胸怀家国、服务人类命运共同体的思政教育成分。一代代为人类健康事业做出贡献的公共卫生与预防医学领域的前辈学者，更是后来者接续奋斗的不朽榜样。这些都为本学科课程思政教学奠定了厚重的学术基础，提供了丰富而感人的专业案例。

翻阅这套丛书，其中选录的200多个案例内容涵盖古今中外，既包括古代中国与百姓健康相关的思想和实践，也有近代欧美公共卫生与预防医学发展过程中的经验与教训；既系统讲述了苦难辉煌历程中历代中国共产党人对公共卫生事业的重视，也阐释了近年党和国家正确应对重大公共卫生事件的举措和政策；既有本学科发展历程中重要的科学实验、队列研究、疾患救治等丰富而生动的案例，又有一些因生态恶化、环境污染、劳动保护不足等引发对人群健康问题反思的个案。案例平实且深刻，专业而不造作。

习近平总书记高度关注公共卫生与预防医学事业的发展，重视高素质公共卫生人才的培养，明确提出"要建设一批高水平公共卫生学院，着力培养能解决病原学鉴定、疫情形势研判和传播规律研究、现场流行病学调查、实验室检测等实际问题的人才"①。中山大学公共卫生学院的教师们，根据习近平总书记的指示和精神，努力为公共卫生与预防医学高素质人才的自主培养添砖加瓦。相信这套由该学院各二级学科近 20 位教师合作主编的丛书，对于公共卫生与预防医学专业的教师和学生们来说，都是开卷有益的。

让人印象深刻的是，这套丛书自编写之初就高度重视其运用于专业教学实践的可操作性。丛书各分册的选题和公共卫生与预防医学专业本科教学基础课的体系相衔接，篇章目录与国内大多数公共卫生学院必修课的教学大纲基本一致。尽管这套丛书是集体合作的成果，汇聚了各学科专家和众多工作人员的智慧与辛劳，但保持了体例一致、章节篇幅规整和文字叙述风格相近的特点，较好地达到了专业辅助教材编写的标准。可以说，这是一项在课程思政建设中具有可重复性意义的工作，其经验值得在其他专业的课程思政教学中推广。

中山大学公共卫生与预防医学学科具有优良的办学传统和丰厚的学术积累，在筚路蓝缕、追求卓越的不凡历程中，形成了富有特色的"教学育人为主体、科学研究为先导、服务社会为己任"的办学理念，成绩斐然。尤其令人感佩的是，中山大学公共卫生与预防医学专业师生们的大爱之心和奉献精神。适逢中山大学世纪华诞之际，"公共卫生思政系列"丛书的出版，也可视为献给百年校庆的一份贺礼。

是为序。

---

① 习近平：《构建起强大的公共卫生体系为维护人民健康提供有力保障》，载《求是》2020 年第 18 期，第 7 页。

前　言

党的二十大报告针对健康中国建设提出了新思路、新战略和新举措，再次强调"把保障人民健康放在优先发展的战略位置，完善人民健康促进政策"，"深入开展健康中国行动和爱国卫生运动，倡导文明健康生活方式"。2021年3月23日，习近平总书记在福建考察时指出："现代化最重要的指标还是人民健康，这是人民幸福生活的基础。"全面推进健康中国建设，必将走出一条中国特色卫生与健康发展道路，为开启全面建设社会主义现代化国家新征程奠定坚实的健康基础。

奋进新征程，要再接再厉，持续增进人民群众健康福祉，让人民群众的获得感、幸福感、安全感更加充实、更有保障、更可持续。在建设健康中国的进程中，我国面临着诸多重大挑战，对卫生人才的教育和培养提出了更高的要求。党的十八大以来，我国教育系统以习近平新时代中国特色社会主义思想为指导，紧紧抓住立德树人根本任务，加强和改进党对高校的领导，突出思想引领，夯实党建基础，强化思想政治（简称"思政"）教育实效，为高校思政工作注入源头活水。习近平总书记在《思政课是落实立德树人根本任务的关键课程》一文中强调，思想政治理论课（简称"思政课"）是落实立德树人根本任务的关键课程。青少年阶段是人生的"拔节孕穗期"，最需要精心引导和栽培。办中国特色社会主义教育，就是要理直气壮开好思政课，用新时代中国特色社会主义思想铸魂育人，引导学生增强中国特色社会主义道路自信、理论自信、制度自信、文化自信，厚植爱国主义情怀，把爱国情、强国志、报国行自觉融入坚持和发展中国特色社会主义事业、建设社会主义现代化强国、实现中华民族伟大复兴的奋斗之中。思政课作用不可替代，思政课教师队伍责任重大，要坚持政治性和学理性相统一；坚持价值性和知识性相统一；坚持建设性和批判性相统一；坚持理论性和实践性相统一；坚持统一性和多样性相统一；坚持主导性和主体性相统一；坚持灌输性和启发性相统一；坚持显性教育和隐性教育相统一，努力培养担当民族复兴大任的时代新人，培养德智体美劳全面发展的社会主义建设者和接班人。

为更好地培养新时代卫生与健康事业管理人才，切实落实"立德树人"的根本教育目标，本书围绕卫生管理专业特点，把思政教育的理念和方法融入其中，寓思政教育于课程，挖掘卫生管理学课程中所蕴含的思政元素和具有新时代精神价值的素材，融入教学实践中。

本书的主要教学对象是预防医学专业的本科生，也可以作为公共卫生及相关专业研究生的教学参考用书，以及各级各类卫生管理干部继续医学教育和在职培训的教材。在本书编写过程中，编者坚持以卫生事业管理学[①]、社会医学、卫生经济学、卫生法学、健康教育学等预防医学核心管理类课程的基本理论、基本知识和基本技能为重点，并根据学科的发展和卫生管理实践的要求，不断吸收国内外卫生管理实践的精华，夯实本书的思想基础与理论基础。

---

① 卫生事业管理学，简称卫生管理学，是公共管理学科下的二级学科，是研究卫生事业管理活动一般规律和一般方法的学科，是医学科学与管理科学、经济学、社会学等相互交叉渗透而形成的交叉学科。主要内容包括卫生工作方针、初级卫生保健、健康新概念和大卫生观、区域卫生规划、医疗保健制度、卫生服务体系、卫生资源配置、公平和效率等理论和实践。

本书第一章是卫生事业管理学教学案例选编，要求学生重点掌握影响卫生事业发展的因素，以及卫生事业管理的方式、研究方法和内容，掌握我国卫生行政体系的构成与卫生事业管理的体制机制。

第二章是社会医学教学案例选编，要求学生理解社区卫生服务的概念内涵，掌握社区卫生服务的特点与内容，熟悉社区卫生服务的具体方式，掌握生命质量的评价内容，熟悉常用的生存质量测量工作及其适用人群，等等。

第三章是卫生经济学教学案例选编，要求学生理解卫生服务市场失灵现象、卫生服务体系改革、医疗服务补偿与投入、卫生经济学分析与评价、疾病经济负担等卫生经济学基础知识。

第四章是卫生法学教学案例选编，主要包括卫生法学基础理论、卫生行政法、应急管理法律制度、公共卫生法律体系，要求学生在案例教学中掌握卫生法的法理渊源与法律位阶、卫生立法法定权限和程序、卫生行业法律规制的工具选择等；理解依法治国中立法、执法、守法、司法四个环节的有机统一，学会运用习近平法治思想的科学方法解决卫生法律问题。

第五章是健康教育学教学案例选编，要求学生理解社区与组织机构改变理论、社会动员与社区参与理论、理性行动与计划行为理论、健康场所建设的内涵，掌握行为改变的基本理论、健康教育与健康促进的基本方法。

本书在编写的过程中得到中山大学公共卫生学院各部门和系室中心的大力协助，特别是得到中山大学马克思主义学院的领导和老师的指导与把关，编者特此表达最衷心的感谢！各位编委对本书的编写工作倾注了大量的心血与精力，科研助理朱俊协助进行文字校对，研究生霍泳珺、李雪竹等参与了文献查阅和资料收集工作。在此，特别对老师和同学们的辛勤付出表示诚挚的谢意！

本书是在高水平公共卫生学院建设过程中，对医－防－管复合型人才培养在思政案例库建设上的首次探索，以期抛砖引玉，为从事预防医学专业核心管理类课程研究方法与教学的同行提供参考，由于编者的能力和编写时间有限，书中的不足和错漏之处恳请读者批评指正，编者将在再版时予以更正。

编者

2022年11月

目 录

第一章 卫生事业管理学教学案例选编 ……………………… 1
  第一节 课程思政教学设计 ………………………………… 1
    一、案例教学适用范围 …………………………………… 1
    二、课程教学目标 ………………………………………… 1
    三、教学方法 ……………………………………………… 3
  第二节 课程思政案例及分析 ……………………………… 3
    一、中国公共卫生体系改革问题 ………………………… 3
    二、医疗保障制度的建立和机制的完善 ………………… 13
    三、医药卫生体制改革与发展 …………………………… 19
    四、国家药物政策和基本药物制度 ……………………… 25

第二章 社会医学教学案例选编 ……………………………… 32
  第一节 课程思政教学设计 ………………………………… 32
    一、案例教学适用范围 …………………………………… 32
    二、课程教学目标 ………………………………………… 32
    三、教学方法 ……………………………………………… 34
  第二节 课程思政案例及分析 ……………………………… 35
    一、全科医生的一天：用坚守和担当守护
        全民健康 ………………………………………………… 35

二、医学的温度：世界卫生组织生存质量测定
　　量表中文版的研制与应用 …………………… 41
三、《"健康中国2030"规划纲要》与健康的
　　社会决定因素 ………………………………… 50
四、国家基本公共卫生服务项目——慢性
　　非传染性疾病健康管理 ……………………… 59

第三章　卫生经济学教学案例选编 …………………… 69
第一节　课程思政教学设计 ……………………………… 69
一、案例教学适用范围 …………………………… 69
二、课程教学目标 ………………………………… 69
三、教学方法 ……………………………………… 70
第二节　课程思政案例及分析 …………………………… 71
一、卫生服务市场失灵 …………………………… 71
二、山东省泰安市卫生服务体系改革的实践 …… 74
三、葛兰素史克（中国）商业贿赂案背后的
　　"以药养医" …………………………………… 80
四、中老年人强化高血压控制目标的经济学
　　效果分析 ……………………………………… 87
五、痴呆症在中国：潜在的巨额实际经济负担 …… 95
六、江苏省镇江市医保支付方式改革的实践 ……… 99

第四章　卫生法学教学案例选编 ……………………… 110
第一节　课程思政教学设计 ……………………………… 110
一、案例教学适用范围 …………………………… 110
二、课程教学目标 ………………………………… 110
三、教学方法 ……………………………………… 113

第二节 课程思政案例及分析·················· 114
　　一、公共卫生应急管理中的法律制度和规制问题
　　　·································· 114
　　二、公共卫生事件应急管理能力储备——高水平
　　　"医防管"复合型公共卫生人才············ 123
　　三、模拟法庭——医疗纠纷责任判定·········· 128

第五章　健康教育学教学案例选编·············· 151
第一节 课程思政教学设计·················· 151
　　一、案例教学适用范围···················· 151
　　二、课程教学目标······················ 151
　　三、教学方法························ 152
第二节 课程思政案例及分析·················· 153
　　一、健康城市建设······················ 153
　　二、爱国卫生运动······················ 160
　　三、网络成瘾预防······················ 165
　　四、健康教育基地······················ 171

第一章　卫生事业管理学教学案例选编

第一节　课程思政教学设计

一、案例教学适用范围

本案例适用于"卫生管理学"等本科生和研究生课程中相关章节的教学。

二、课程教学目标

1. 知识目标

（1）掌握影响卫生事业发展的因素，卫生事业管理的方式、研究方法和内容，以及我国卫生行政体系的构成与卫生事业管理的体制机制。

（2）熟悉卫生事业管理的定义及其职能，充分认识我国医疗保障制度的现状、存在的问题及改革的情况。

（3）了解近代卫生事业管理理论的发展阶段、我国卫生组织体系存在的问题及其变革的原因和做法，并了解国内外医疗保障制度的主要模式等。

2. 能力目标

（1）以现代管理科学以及国内外公共卫生事业管理新理论、新知识、新技术、新方法为基础，密切结合我国卫生事业管理的实践，从多角度系统地阐述卫生事业管理的理念；让学生在案例教学中掌握卫生事业管理的方式、研究方法等内容。

（2）向学生介绍卫生事业管理的基础知识、基本理论和基本技能，结合当前我国卫生事业管理中存在的一些具体问题，尽可能地采用最新的研究成果和数据分析作为理论依据，重点向学生介绍健康管理、预防保健管理以及突发公共卫生事件应急管理等内容；通过完善学生卫生事业管理方面的专业知识，增强学生的自我预防保健能力。

（3）慢性病和突发性公共卫生事件的管理与控制需要社会和民众的积极参与，需要得到各大高校、疾控机构以及政府部门的支持。通过政策倡导、健康教育以及健康促进活动的开展，营造支持健康生活方式的环境，促进全民健康生活方式的培养，降低影响人群健康的危险因素水平，预防相关事件的发生和发展。

3. 价值目标

（1）卫生事业管理学是研究卫生事业发展规律的学科，它的任务是研究卫生事业管理的理论和方法。学生在对基本国情充分了解的基础上，探索和研究适宜的卫生政策和管理方法，同时充分挖掘我国及其他国家卫生事业管理的经验。

（2）预防医学专业的学生应强化卫生事业管理学的学习。学生在学习过程中对中国或西方国家卫生系统存在知识性和技术性疑惑，迫切需要从卫生事业管理学中寻找答案。同时，学生可以通过相关课程的学习来深刻理解和掌握我国卫生改革和发展的形势，对预防医学本身的价值进行再思考，不断深化认识，提升专业技能。

三、教学方法

本课程教学适宜采用小组讨论式学习法与发现式学习法相结合的模式。该模式可以让学生分小组协作，商量和讨论与课程有关的问题，使学生和老师之间形成一种互动的模式，小组成员可以通过阅读教材与案例来发现新知识、新问题。学生在自主发现问题的过程中，会不断加深自己对知识点、问题的印象，同时这一过程有利于其综合思维能力、理解能力的培养。通过这种模式，学生可以从多角度获得解题思路和思维途径，将讨论与交流融为一体，在讨论中理解，在交流中加深印象。这不仅可以调动学生的积极性，而且有利于提高课堂教学的质量。

第二节　课程思政案例及分析

一、中国公共卫生体系改革问题

（一）案例内容

近年来，随着我国改革开放的推进，经济飞速发展，科技水平及公共卫生保障能力不断提高，国民身体健康水平有了很大的提高。与此同时，公共卫生体系建设也越来越受到社会的关注。

中华人民共和国成立初期，广大农村地区普遍面临缺医少药、传染病和地方病横行、居民健康水平极为低下的问题。据统计，当时的婴幼儿死亡率高达200‰，人口死亡率约为20‰，平均预期寿命仅有35岁。面对战后留下的满目疮痍，中国政府提出了"面向工农兵、预防为主、团结中西医、卫生工作与群众运动相结合"的四项卫生工作方针。该方针的提出为中国卫生事业的发展指明了方向。1953年，我国参照苏联的防疫经验，设立贯通省、市、县各级的卫生防疫站，预防接种逐渐走上正轨。此后，寄生虫病、地方病等专病防治院也相继成立。截至1965年年底，全国卫生防疫站共有2499个，是1952年的16倍，公共卫生医师（技师）共有6428人，较1952年增加11倍，覆盖全国的公共卫生体系雏形建成。为了解决卫生事业人力不足的问题，大量卫生防疫人员被下放到基层。半农半医的"赤脚医生"登上历史舞台。"赤脚医生"被誉为中国农村卫生事业的"三大法宝"[①]之一。他们具有一定的医疗知识和能力，由基层政府指派和领导，却没有正式编制和固定薪金，需要一边务农维持生活，一边为当地百姓行医送药。这群人大多来源于代代相传的医学世家或是知识分子中略通医理者。因为他们大多数时间需要光着脚在田地里劳作，所以被中国百姓亲切地称为"赤脚医生"。"赤脚医生"为中国早期公共卫生事业的发展做出了巨大的贡献。这种低成本服务帮助中国在短期内解决了农村基层的卫生问题。

除了"赤脚医生"外，农村合作医疗制度和农村三级医疗预防保健网也为中国农村卫生事业做出了巨大贡献，被世界卫生组织（World Health Organization，WHO）和世界银行（The World Bank）誉为"以最少的投入获得最大的健康收益"。农村合作医疗制度是指农民自愿参加，个人缴费、集体扶持和政府资助多方筹资，以大病统筹为主的农民医疗互助共济制度。该制度使农村居民看得起病，尤其是大病，改善了农民因病致贫和因病

---

① "三大法宝"指的是乡村医生队伍、农村合作医疗制度和农村三级医疗预防保健网。

返贫的现象。农村三级医疗预防保健网是指县、乡、村逐级建立起来的农村卫生服务体系。它以县级医疗卫生机构为龙头，乡镇卫生院为主体，村卫生室为基础，共同承担县域内预防保健、基本医疗、卫生监督、健康教育、计划生育技术指导等任务。它帮助实现了"小病不出村，一般疾病不出乡，大病基本不出县"的目标。在"预防为主"方针的引领下，在"三大法宝"的神奇作用下，中国早期公共卫生事业得以快速发展。卫生底子薄弱的中国，覆盖城乡的公共卫生体系逐渐成形。

20世纪60年代，中国领先全世界十几年将流行3000余年的天花消灭，使鼠疫、霍乱绝迹。1977年，中国人口死亡率下降至6.87‰，世界卫生组织称中国为"发展中国家的样板"。然而，经济基础决定上层建筑。随着我国经济水平的不断提高，人们对医疗服务的需求也开始向更高的水平发展，医疗体系需要进一步地优化。由于卫生资源配置的"倒三角"，大量优质卫生资源集中在大城市、大医院，而公共卫生事业主要依赖基层医疗卫生机构开展服务项目，造成了公共卫生人才流失和资金不足等现象。市场经济下的劳动力资源享有充分的流动性，大量优质劳动力从基层医疗卫生机构流向大医院。在资金方面，由于政府投入有限，公共卫生服务项目又缺少盈利点，不少基层医疗卫生机构入不敷出，开展公共卫生服务项目的经费也捉襟见肘。在这样的环境中，一部分医生和医疗机构丧失了开展公共卫生服务项目的积极性，转而投入医疗卫生服务项目的怀抱。这一现象在曾经为公共卫生事业做出巨大贡献的农村三级医疗预防保健网内也屡见不鲜。

为了构建与之相符的医疗体系，乘着改革开放的浪潮，1985年，卫生防疫、卫生监督监测、卫生检验、体检、药品审批和药品检验等服务收费逐步放开。2002年，随着我国经济与国际接轨，我国的公共卫生事业的发展也逐步由"防疫"转向"慢性非传染性疾病防治",与发达国家的公共卫生工作重点一致。当时,全国卫生防疫站开始改组为疾控中心,卫生监督职能被慢慢剥离,预防保健工作逐渐走上正轨。遗憾的是,转型尚未完成,此前防疫网络遗留下的脆弱漏洞便被突如其来的 SARS(severe acute respiratory syndrome,严重急性呼吸综合征,即"非典")疫情乘虚而入,整个公共卫生体系面对 SARS 疫情措手不及。SARS 带来的冲击,让我国公共卫生事业又重新被重视起来。

2003 年 7 月 28 日,时任国务院总理温家宝在全国防治非典工作会议上提出,争取用三年左右的时间建立健全突发公共卫生事件应急机制、疾病预防控制体系和卫生执法监督体系;用更长的一段时间,完善农村卫生保健体系、城市基本医疗服务体系、环境卫生体系和财政经费保障体系。

2009 年 3 月,为了纠正医疗卫生服务过度市场化,解决居民"看病难、看病贵"的问题,中共中央、国务院发布《中共中央 国务院关于深化医药卫生体制改革的意见》,国务院发布《医药卫生体制改革近期重点实施方案(2019—2011 年)》。我国政府启动新一轮的医药卫生体制改革,提出"到2020 年,覆盖城乡居民的基本医疗卫生制度基本建立",普遍建立医药卫生四大体系,即"比较完善的公共卫生服务体系和医疗服务体系""比较健全的医疗保障体系""比较规范的药品供应保障体系",并随之提出"城乡居民逐步享有均等化的基本公共卫生服务"的目标,启动"国家基本公共卫生服务项目"。

为了更好地提供和管理基本公共卫生服务,国家卫生和计划生育委员会(简称"国家卫计委")分别于 2009 年、2011 年和 2017 年发布了三版《国家基本公共卫生服务规范》,项目内容也从 2009 年的 9 大类 41 项增加至 2017 年的 13 大类 50 项,详见表 1-1。

表 1-1　2017 年国家基本公共卫生服务项目及内容

序号	类别	服务对象	项目及内容
1	居民健康档案管理服务	辖区内常住居民，包括居住半年以上非户籍居民	①建立居民健康档案 ②居民健康档案维护管理
2	健康教育服务	辖区内常住居民	①提供健康教育资料 ②设置健康教育宣传栏 ③开展公众健康咨询服务 ④举办健康知识讲座 ⑤开展个体化健康教育
3	预防接种服务	辖区内 0~6 岁儿童和其他重点人群	①预防接种管理 ②预防接种 ③疑似预防接种异常反应处理
4	0~6 岁儿童健康管理服务	辖区内常住的 0~6 岁儿童	①新生儿家庭访视 ②新生儿满月健康管理 ③婴幼儿健康管理 ④学龄前儿童健康管理
5	孕产妇健康管理服务	辖区内常住的孕产妇	①孕早期健康管理 ②孕中期健康管理 ③孕晚期健康管理 ④产后访视 ⑤产后 42 天健康检查
6	老年人健康管理服务	辖区内 65 岁及以上常住居民	①生活方式和健康状况评估 ②体格检查 ③辅助检查 ④健康指导

续表1-1

序号	类别	服务对象	项目及内容
7	高血压患者健康管理服务	辖区内35岁及以上原发性高血压患者	①筛查 ②随访评估 ③分类干预 ④健康体检
8	2型糖尿病患者健康管理服务	辖区内35岁及以上2型糖尿病患者	①筛查 ②随访评估 ③分类干预 ④健康体检
9	严重精神障碍患者管理服务	辖区内诊断明确、在家居住的严重精神障碍患者	①患者信息管理 ②随访评估 ③分类干预 ④健康体检
10	肺结核患者健康管理服务	辖区内确诊的常住肺结核患者	①筛查及推介转诊 ②第一次入户随访 ③督导服药和随访管理 ④综合评估
11	中医药健康管理服务	辖区内65岁及以上常住居民和0~36个月儿童	①老年人中医体质辨识 ②儿童中医调养
12	传染病及突发公共卫生事件报告和处理服务	辖区内服务人口	①传染病疫情和突发公共卫生事件风险管理 ②传染病和突发公共卫生事件的发现、登记 ③传染病和突发公共卫生事件相关信息报告 ④传染病和突发公共卫生事件的处理

续表 1–1

序号	类别	服务对象	项目及内容
13	卫生计生监督协管服务	辖区内居民	①食源性疾病及相关信息报告 ②饮用水卫生安全巡查 ③学校卫生服务 ④非法行医和非法采供血信息报告 ⑤计划生育相关信息报告

资料来源：国家卫生计生委《国家基本公共卫生服务规范（第三版）》，2017 年。

截至 2019 年，中国公共卫生事业的发展已经走过 70 个年头，虽然中国公共卫生事业的发展道路，充满崎岖与坎坷，但政府及时把握正确的发展方向。如今，中国公共卫生体系已基本完善，基本公共卫生服务项目稳步推进，公共卫生事业发展整体稳定，但仍存在问题，面临挑战。

（二）案例分析

1. 思政元素

新型冠状病毒感染[①]疫情（简称"新冠疫情"）的出现，让人们又重新认识到公共卫生事业的作用。2020 年 5 月 22 日，在十三届全国人大三次会议上，时任国务院总理李克强在政府工作报告中提出，"改革疾病预防控制体制，完善传染病直报和预警系统，坚持及时公开透明发布疫情信息"。5 月 24 日，在如何织

---

① 2020 年 2 月 7 日，国家卫生健康委员会将"新型冠状病毒感染的肺炎"暂命名为"新型冠状病毒肺炎"，简称"新冠肺炎"。2022 年 12 月 26 日，国家卫生健康委员会将"新型冠状病毒肺炎"更名为"新型冠状病毒感染"。

牢织密公共卫生防护网这个问题上，习近平总书记用12个字为中国公共卫生体系改革定向布局——"整体谋划、系统重塑、全面提升"。[①] 同年9月15日，习近平总书记在《求是》杂志上发表了题为《构建起强大的公共卫生体系 为维护人民健康提供有力保障》的文章。习近平总书记指出，我们要强化底线思维，增强忧患意识，时刻防范卫生健康领域重大风险。"只有构建起强大的公共卫生体系，健全预警响应机制，全面提升防控和救治能力，织密防护网、筑牢筑实隔离墙，才能切实为维护人民健康提供有力保障。"[②] 文章强调，要完善疾病预防控制体系，加强监测预警和应急反应能力，健全重大疫情救治体系，深入开展爱国卫生运动，发挥中医药在重大疫病防治中的作用，完善公共卫生法律法规，发挥科技在重大疫情防控中的支撑作用，加强国际卫生交流合作。[③] 2021年5月13日，国家疾病预防控制局正式挂牌成立。这标志着我国公共卫生体系改革迈出了关键一步。

2. 理论产出

公共卫生是整个社会全体成员预防疾病、增进健康的事业。公共卫生体系是保障全民健康的重要一环，是推进健康中国建设的重要内容。一个完善、强大的公共卫生体系不仅能够起到未病防病的作用（如接种疫苗起到对传染病的预防作用等），而且能够及时为患者采取诊疗措施，减少疾病对健康的伤害（如将高血压、糖尿病等慢性病纳入社区基本公共卫生服务方案）。

今天，公共卫生的意义已超出了医学科学的范畴，具有极重

---

① 新华社：《整体谋划系统重塑全面提升 织牢织密公共卫生防护网》，载《经济参考报》2020年5月25日第A01版。
② 习近平：《构建起强大的公共卫生体系 为维护人民健康提供有力保障》，载《求是》2020年第18期，第4-11页。
③ 参见习近平《构建起强大的公共卫生体系 为维护人民健康提供有力保障》，载《求是》2020年第18期，第4-11页。

要的社会学意义。人类社会发展进步最重要的目的之一是促进人类大家庭中每个成员的健康发展、生活质量不断提高和寿命不断延长。这主要是通过公共卫生事业的发展来体现和衡量的。

3. 实践推动

新冠疫情期间，由医疗卫生机构主导的公共卫生体系发挥了重要作用，其优势得到充分彰显。这说明，构建强大的公共卫生体系，要把保障人民群众生命安全和身体健康放在首位，不断强化基本医疗卫生的公共属性。同时，公共卫生也关系到全社会每个人。构筑强大的公共卫生体系，这一过程离不开每个人和社会机构、组织的共同参与。

（三）课堂讨论

（1）公共卫生体系的组成部分有哪些？如何构建强大的公共卫生体系？

公共卫生体系是一个以医务人员、医疗机构、疾病预防控制体系为主体，以卫生政策和相关社会政策为指引，以医药与健康产业为支撑，社会各界广泛支持和参与，全面维护和促进公众健康的综合社会体系。

构建强大的公共卫生体系，应该做好三方面工作：①应将预防、诊断、控制、治疗、康复工作融为一体，形成全行业、全社会动员和参与的公共卫生工作格局。②要进一步明确医疗机构与疾病预防控制体系都是公共卫生体系的主要的有机构成部分。③明确疾病预防控制体系与医疗机构在疾病防控中的职能定位，推进疾病预防控制体系与医疗机构改革，形成科学有序、协同高效的卫生体系。

（2）阐述和分析我国公共卫生体系的发展阶段以及各个发展阶段的特点和所要解决的主要问题。

我国公共卫生体系的发展历程可以分为四个阶段：①第一阶

段是自中华人民共和国成立至20世纪80年代。面对战后留下的满目疮痍，我国初步建立了覆盖县、乡、村三级医疗预防保健网的公共卫生服务体系，坚持以预防为主，开展爱国卫生运动，并取得了显著成效。②第二阶段是从20世纪80年代后期到2003年SARS疫情暴发。这个阶段，由于经济体制改革和其他经济社会条件的变化，公共卫生服务体系遭受了较大的冲击，特别是农村的疾病预防体系功能逐渐削弱。③第三阶段是从2003年SARS疫情以后至2009年。政府加大了对公共卫生体系建设的决心和行动，我国公共卫生服务体系建设得到了显著加强。2006年3月，国家疾病预防控制局、卫生监督局成立，国家、省、市、县四级的疾病预防控制体系和卫生监督体系基本建立。④第四阶段是自2009年提出深化医药卫生体制改革以来至今。公共卫生服务体系建设得到大力推进，公共卫生服务和突发事件卫生应急处置能力不断增强，基本公共卫生服务均等化水平不断提高，公共卫生服务体系建设取得明显成效。

（3）我国现阶段的公共卫生体系存在哪些不足？如何才能够弥补这些不足？

我国现阶段的公共卫生体系还存在以下六点不足：①公共卫生服务体系建设不平衡、不充分问题突出。②医疗服务体系组织不平衡与应急服务提供能力不充分问题并存。③公共卫生、医疗服务、基础研究的分工协作和运行机制不健全，存在"预防—临床—基础研究"分离的问题。④药物、器械应急保障体系不健全。⑤医疗保障体系的应然作用的即时性有待发挥。⑥公共卫生法律体系有待完善。

今后，我国应进一步完善公共卫生医疗服务、保障和综合监管体系，促进传统的医疗卫生服务体系向卫生健康服务体系转型升级。具体来看，要做到以下四点：①要坚持"健康至上"的科学决策理念。②要全面深化公共卫生、疾病防控和医疗服务体系的分工协同,提高卫生应急管理协同治理能力。③要构建并完善医疗保障对重大疫情的应急响应机制。④要遵循国际规则,全面提升公共卫生风险防范的法律层次和操作性。

二、医疗保障制度的建立和机制的完善

(一) 案例内容

医疗保险制度是医疗保障制度的重要组成部分。医疗保险制度是指一个国家或地区按照保险原则为解决居民防病治病问题而筹集、分配和使用医疗保险基金的制度。中华人民共和国成立以后,医疗卫生事业迅速发展,规模不断扩大,医疗设施也不断完善,逐步建成一个由各级各类卫生机构和各种卫生人员组成的遍布城乡的医疗卫生网。医疗保险制度的建立和完善,促进了我国医疗保障制度的发展,对保障城乡居民身体健康、提高人民身体素质发挥了积极作用。

1. 形成阶段

自1921年8月中国劳动组合书记部成立开始,中国共产党在为劳动大众争取基本的医疗保障方面进行了不懈的努力,就医疗保险问题提出一系列议案。革命根据地和解放区颁布了涉及医疗保障内容的诸多具体规定。

1949年中华人民共和国成立后,随着社会主义经济建设的迅速展开,全国统一的社会保险制度开始启动。我国宪法规定:"中华人民共和国公民在年老、疾病或者丧失劳动能力的情况下,有从国家和社会获得物质帮助的权利。国家发展为公民享受这些权利所需要的社会保险、社会救济和医疗卫生事业。"

1951年年初,《中华人民共和国劳动保险条例》正式颁布。1953年,国家又对《中华人民共和国劳动保险条例》进行修改,

于1953年1月颁布《关于中华人民共和国劳动保险条例若干修正的决定》，同时公布修正后的条例，从而使劳保医疗制度得以建立。

1952年6月，政务院颁布《关于全国各级人民政府、党派、团体及所属事业单位的国家工作人员实行公费医疗预防的指示》，公费医疗保险制度开始在全国实行。

我国农村合作医疗起源于20世纪40年代陕甘宁边区的"医药合作社"。中华人民共和国成立以后，随着土地革命的结束，农业生产互助合作运动兴起，不少地方由群众自愿筹资成立了医疗互助组织（如保健所、医疗所）。1956年，全国人大一届三次会议通过《高级农业生产合作社示范章程》，对合作社的社员因公负伤或因公致病的医疗给予明确规定。不久，全国普遍出现以集体经济为基础，集体与个人相结合，具有互助互济性质的农村合作医疗。

至此，我国以公费医疗、劳保医疗、农村合作医疗为主要内容的医疗保险制度基本形成。

20世纪80年代初，为了配合经济体制改革和国有企业改革的推进，我国医疗保障制度改革主要围绕医疗费用控制、建立责任共担的社会医疗保险制度进行。改革探索采取自下而上、逐步推进的方式进行。部分企业和单位以医疗费用控制为核心推进自发改革，采取医疗费用定额包干的做法，"剩余归己，超支自理"。此后，一些地方政府开始逐步介入医疗保障制度改革，探索离退休人员医疗费用的社会统筹和大病医疗统筹，开始要求个人自付一定比例。自1989年起，中央政府开始主导医疗保障制度改革，进行了三个阶段的改革探索。

2．摸索阶段

中共十一届三中全会至1998年，医疗保障进行改革试点。这时期部分地方开始对新的职工保障制度进行摸索，出现医疗费用定额包干、对超支部分按一定比例报销等现象。1984年4月28日，卫生部和财政部联合发布《关于进一步加强公费医疗管理的通知》，提出要积极、慎重地改革公费医疗制度，开始了政府对传统公费医疗改革探索的新阶段。同时，地方政府也开始积极探索新的医疗改革发展道路。这一时期，医疗改革涉及58个试点城市，参加医疗改革的职工达401.7万人，出现了综合医疗保险、住院医疗保险、特殊医疗保险等医疗保险，有力地促进了医疗事业的飞速发展。

3. 完善阶段

1998—2003年，城镇医疗保障制度确立和发展。1998年是城镇医疗改革的转折点，城镇确立了医疗保险制度。1998年12月4日，国务院召开全国医疗保险制度改革工作会议，发布《国务院关于建立城镇职工基本医疗保险制度的决定》，明确医疗保险制度改革的目标任务、基本原则和政策框架，要求1999年在全国范围内建立覆盖全体城镇职工的基本医疗保险制度。中国城镇职工医疗保险制度的建立进入了全面发展阶段。中国城镇基本医疗保险制度的建立，是中国医疗改革的转折点，为保障城镇职工身体健康和促进社会和谐稳定起到了十分重要的作用。在此时期，医疗救助工作全面开展，同时补充医疗保险，出现了商业保险等模式，医疗改革取得重大突破。

4. 成熟阶段

2003年以后，新型农村合作医疗全面发展和城镇居民医疗保险制度进行试点。2002年10月19日，中共中央、国务院颁布《关于进一步加强农村卫生工作的决定》。该决定要求"到2010年，在全国农村基本建立起适应社会主义市场经济体制要求和农村经济社会发展水平的农村卫生服务体系和农村合作医疗制度"，明确提出要"建立以大病统筹为主的新型合作医疗制度和医疗救助制度，使农民人人享有初级卫生保健，主要健康指标达到发展中国家的先进水平"。为实现基本建立覆盖城乡全体居民的医疗保障体系的目标,国务院决定,从2007年起开展城镇居民基本医疗保险试点。城镇居民基本医疗保险试点的建立,不仅减轻了参保人在身患重病时的经济负担,而且在参保人身体健康时,也可以用其缴纳的保险费来济助其他参保患者,体现出"一人有病万家帮"的互助共济精神。

2016年1月,国务院出台《国务院关于整合城乡居民基本医疗保险制度的意见》(国发〔2016〕3号),将原来新型农村合作医疗、城镇居民医疗保险整合为城乡统一的城乡居民医疗保险。这是推进医药卫生体制改革、实现城乡居民公平享有基本医疗保险权益、促进社会公平正义、增进人民福祉的重大举措,对促进城乡经济社会协调发展、全面建成小康社会具有重要意义。

纵观医疗改革的四个阶段,医疗改革由城镇辐射到农村,再到城镇与农村平衡发展。对于一个农村人口约占全国总人口的36%[①]的发展中国家来说,农村医疗改革事业的发展是对我国医疗改革的一个巨大的推动,保障了医疗事业的健康有序发展,保障了农村居民生活水平的提高。而城镇社区卫生服务体系的建设和医疗保障制度的完善,凸显了新中国医疗改革的辉煌历程。

(二)案例分析

1. 思政元素

中国是世界上率先普及公益性医疗卫生服务和医疗保障的发展中国家。其所推行的医疗卫生模式和制度建设,为世界贡献了宝贵的经验。1978年,世界卫生组织召开了一次里程碑式的会议——阿拉木图会议。该会议提出了推广中国经验,因为中国作

---

① 参见国务院第七次全国人口普查领导小组办公室编《2020年第七次全国人口普查主要数据》,中国统计出版社2020年版,第7页。

为一个发展中国家,解决了很多发达国家都解决不了的问题。受中国经验的鼓舞,各国签署了《阿拉木图宣言》(Almaty Declaration)。这极大地推动了人类卫生事业的发展。

我国对医疗保障体系的关注从未停止。2021 年 2 月 26 日,习近平总书记在中共中央政治局就完善覆盖全民的社会保障体系进行第二十八次集体学习时作了重要讲话。他在讲话中提出,我国社会保障制度改革已进入系统集成、协同高效的阶段,并且强调了完善覆盖全民的社会保障体系,促进社会保障事业高质量发展、可持续发展的重要性。首先,鲜明的中国特色社会保障体系体现了中国共产党领导和我国社会主义制度的政治优势,即坚持人民至上,坚持共同富裕,把增进民生福祉、促进社会公平作为发展社会保障事业的根本出发点和立足点,围绕全覆盖、保基本、多层次、可持续发展目标加强社会保障体系建设。其次,要顺应人民群众对高品质生活的期待,适应人的全面发展和全体人民共同富裕的进程,不断推动幼有所育、学有所教、劳有所得、病有所医、老有所养、住有所居、弱有所扶取得新进展。最后,要完善社会保障管理体系和服务网络,在提高管理精细化程度和服务水平上下更大功夫,提升社会保障治理效能。①

2020 年 3 月 5 日,《中共中央 国务院关于深化医疗保障制度改革的意见》提出"1+4+2"的医疗保障制度总体改革框架。"1"指实现一个目标,即到 2030 年,全面建成以基本医疗保险为主体,医疗救助托底,补充医疗保险、商业健康保险、慈善捐赠、医疗互助共同发展的多层次医疗保障制度体系。"4"指健全待遇保障、筹资运行、医保支付、基金监管四个机制。

---

① 参见新华社《习近平在中共中央政治局第二十八次集体学习时强调 完善覆盖全民的社会保障体系 促进社会保障事业高质量发展可持续发展》,载《中国社会报》2021 年 3 月 1 日第 A04 版。

"2"指完善医药服务供给和医疗保障服务两个支撑。通过参保、待遇、筹资、支付、监管等多方面机制的完善，健全覆盖全民、统筹城乡、公平统一、可持续的多层次全民医疗保障体系，不断满足人民群众多层次、多样化的健康需求，进一步织密医疗保障安全网，促进我国医疗保障事业高质量、可持续发展。

2．理论产出

医疗保障制度作为社会保障制度的重要组成部分，直接关系到人们的切身利益，也直接影响和谐社会的构建。完善的医疗保障制度，不仅可以有效地维护社会稳定和经济发展，而且是促进社会公平、维护公民基本权利的重要手段。因而，建立完善的医疗保障制度，既是构建和谐社会的重要内容，也是体现中国共产党以人为本思想的重要战略举措。

3．实践推动

医疗保障是社会保障中最关键的环节之一。只有实现全体社会成员普遍享有的基本医疗保障，让所有社会成员都平等地体会到安全感，人们才能对未来的生活更有信心，社会才能更加公平与和谐。因此，我们有必要在现有医疗保障体系的基础上，进一步构建和谐的多层次医疗保障体系，以满足不同人群的多层次的医疗保障需求。

（三）课堂讨论

（1）我国的基本医保类型主要有哪些？它们有什么异同点？

我国的基本医保类型主要包括城镇职工基本医疗保险和城乡居民基本医疗保险两种类型。其区别主要体现在参保人群的范围、资金的筹集方式、缴费的标准以及享受的待遇上。虽然这两类险种之存在众多的差异，但是其目的是相同的，都是为了解决人们"因病致贫"的问题，减轻家庭的负担。

（2）你是否了解自己的医保类型？最近一段时间是否有使

用过医保的行为？请分享一下自己的经历。

学生可以根据自己的实际经历进行回答。

（3）我国医改过程中所面临的核心问题——"以药养医"，医保部门可以采取什么措施来解决这一问题？

为解决"以药养医"这一问题，医保部门可以从以下三个方面做出努力：①持续推进医保支付制度改革，提高医疗资源服务效率和质量；②完善基本医疗保障体系，提高基本医疗保障水平，完善以基本医疗保险为主体、医疗救助为托底、商业保险为补充的多层次医疗保障体系；③加强"医疗、医保和医药"联动改革，完善医改顶层设计，建立统一协调机制，协调各方利益主体相互配合、整体统筹和协同推进"三医"联动改革，减少改革阻力与障碍。

三、医药卫生体制改革与发展

（一）案例内容

医药卫生事业关系到人民的切身利益，关系到亿万人民的幸福和安康。医药卫生问题解决得好，可以不断地为经济发展输送高素质的人才，同时也可以促进国民经济协调、稳定发展。反过来说，如果医药卫生问题解决得不好，人民的健康得不到有效保障，不仅会拖国民经济发展的后腿，而且会带来一系列社会不稳定问题。因此，必须着力推进医药卫生体制改革与医疗保险制度建设。

改革开放以来，我国医药卫生事业进行了一系列改革，经历了若干改革过程，取得了一些突破性的进展。比如，针对卫生资源严重短缺导致的"看病难、住院难、手术难"问题，鼓励多渠道筹资、多种形式办医，逐步形成了以公有制为主体，多种形式、多种渠道办医的新格局。医疗机构通过一系列的激励措施，调动了医务人员的积极性，使我国医疗服务的规模、条件、水平和能力有了明显的改善。医疗卫生服务供给大幅度增加，有效地缓解了因卫生资源短缺而造成的"看病难、住院难、手术难"等突出矛盾。再比如，针对职工医疗保险基本由国家和企事业单位包揽的弊端，我国对公费医疗制度和劳保医疗制度进行改革，建立了城镇职工基本医疗保险制度。同时，我国逐步建立了新型农村合作医疗制度、城镇居民基本医疗保险制度和城乡医疗救助制度，医疗保障体系初步形成。

但是，医药卫生体制深层次的一些问题依然没有得到根本解决，并出现一些新的问题：城乡和区域医疗卫生事业发展不平衡，药品生产流通秩序不规范，医院管理体制和运行机制不完善，政府卫生投入不足，医药费用快速上涨，医疗保障制度不健全、保障范围小、保障水平较低，居民个人负担过重，出现了新形势下的"看病难"和"看病贵"问题。目前，我国进入全面建设小康社会的新阶段，人民生活水平不断提高，居民消费模式也不断升级，健康需求快速增加。"无病早预防，有病早治疗，防止伤病残"，已经成为广大人民群众最关注、最迫切、最现实的利益问题。群众对改善医药卫生服务提出了更高的要求。

深化医药卫生体制改革，面临着四个方面的问题：①缓解群众反映强烈的"看病难、看病贵"问题，减轻群众的疾病负担，实现全体人民"病有所医"，维护群众的健康权益。②应对工业化、城镇化、人口老龄化、疾病谱变化和环境变化带给医药卫生工作的新挑战。③解决医药卫生领域长期以来形成和积累的深层次矛盾，推动医药卫生事业持续健康发展。④逐步建立符合我国国情的基本医疗卫生制度，实现人人享有基本医疗卫生服务的目标，不断提高人民的健康水平。

为了解决以上问题，我国进行了一系列的医药卫生体制改革工作。在深刻总结以往卫生改革实践经验的基础上，从国情出发，借鉴国际的有益经验，以科学发展观为指导，认真研究解决建立什么样的制度、实现什么样的发展、发展的目的是什么以及如何发展等重大问题，尤其是要突出基本、基础和基层，强调面向农村，惠及群众。要从我国国情和社会主义初级阶段的特点出发，首先解决公平问题，保障基本需求，建立基本医疗卫生制度。建立覆盖城乡居民的基本医疗保障体系，也就是全民医保。坚持预防为主的方针，把公共卫生服务体系与医疗服务体系、医疗保障体系、药品供应保障体系并列，作为构成基本医疗卫生制度的四大体系予以加强，提出基本公共卫生服务均等化的目标，缩小城乡居民基本公共卫生服务的差距。要初步建立国家基本药物制度，整顿治理药品生产供应保障体系，规范用药行为，降低药品价格和患者医药费用。着力加强基层医疗卫生服务体系建设，使广大城乡群众不出乡村、社区就能得到比较好的基本医疗卫生服务。同时，根据我国基本国情，强调县级医院在农村防病治病中的龙头作用，全面加强县级医院建设，提高其医疗服务水平和质量，使农民能大病不出县。

国家卫生健康委员会副主任、国务院医改领导小组秘书处副主任王贺胜表示，医药卫生体制改革的重点工作包括：强化政府责任和投入，确立政府在提供公共卫生服务和基本医疗服务中的主导地位。公共卫生服务主要通过政府筹资，向城乡居民提供均等化服务。基本医疗服务由政府、社会和个人三方合理分担费用，特需医疗服务由个人付费或通过商业健康保险支付。建立和完善政府卫生投入机制，合理划分中央政府和地方政府的卫生投入责任。中央政府和地方政府都要大幅度增加卫生投入，逐步提高政府卫生投入占财政总支出的比重，提高政府卫生投入占卫生总费用的比重，政府卫生投入兼顾医疗服务供方和需方。政府新增卫生投入重点用于公共卫生、农村卫生、城市社区卫生和城乡居民基本医疗保障。

（二）案例分析

1. 思政元素

深化医药卫生体制改革，逐步实现人人享有基本医疗卫生服务的目标，是涉及14多亿人的重大民生工程。在党中央、国务院的领导下，有关部门经过两年多的制定、修改、完善，通过各种形式向全社会公开征求意见，广泛吸纳各个方面尤其是普通群众的建议，最终定稿。这一意见汇集众人智慧，反映群众意愿，体现了我国医疗卫生事业发展从理念到体制的重大变革，是科学发展观在医疗卫生领域的具体实践，标志着朝党的十七大提出的努力使全体人民"病有所医"迈出了历史性的关键一步。党的十八大以来，习近平总书记从对党和人民强烈的责任感出发，旗帜鲜明地要求把公益性写在卫生健康事业的旗帜上，校正了医改的发展方向。特别是在医改的关键时刻，习近平总书记在中央全面深化改革领导小组会议上发表重要讲话，肯定了三明医改，要求认清利益集团对改革的干扰，要求"主要负责同志要有改革担当，在关键问题上要敢于拍板"。改革初期，对于取消"以药补医"、如何确定财政补偿规模进行了系统调研，用"解剖麻雀"的办法摸清了基层机构药品实际加成率，使各界对"以药补医"机制的危害达成了共识。在改革推进过程中，有关部门抓紧督促落实，不断完善制度设计。在这个过程中，必然会面临来自既得利益者的阻力，党和政府强力推动了制度转换，同时又兼顾各方面利益。首先抓主要矛盾，坚决取消药品加成，以此杜绝医疗卫生机构一切不正当收入的来源。在此基础上，再建立并巩固完善取消药品加成之后的财政投入、人事、分配、药品招标采购等一系列配套制度。既不因为新机制不完善而否定改革方向，又不放松巩固完善新机制的步伐。同时实行综合配套改革，综合推进，改革涉及筹资、服务、监管、药品的生产流通、教育、宣传、立法等，其他国家很难在一次改革中涉及这么多内容。我国这种高效的行政管理体制确保了制度设计能够得到有效落实。

2. 理论产出

卫生事业的发展已被纳入国民经济和社会发展的总体规划中，其发展水平与国情相适应，与人民群众健康需求相适应。卫生事业坚持走以内涵发展为主，内涵与外延相结合的发展道路，以提高人民健康水平为中心，优先发展和保证基本医疗卫生服务，逐步满足人民群众多样化的需求，不断提高服务质量和工作水平。

3. 实践推动

2016年，全国卫生与健康大会确立了新时代卫生健康的工作方针。这一方针从我国国情出发，具有独创性，实践证明是成功的模式，在国际上也受到赞誉，被世界卫生组织和世界银行誉为"以最少的投入获得了最大的健康收益"的中国模式，成为"中国式现代化道路"在国际上有影响力的重要内容。

（三）课堂讨论

（1）我国卫生改革的政策重点和策略有哪些？

我国卫生体制改革的政策重点和策略主要体现在三个时期。首先是20世纪80年代，我国首轮医药卫生体制改革正式启动。受到国有企业改革的影响，政府对医疗机构的直接投入逐步减少，医疗机构逐步受到市场化的影响。该阶段卫生改革的核心思想是放权让利，扩大医院的自主权。其次是20世纪90年代中期，我国进行了第二轮医药卫生体制改革。该阶段在很大范围内将公费医疗制度转化为医疗保险制度，由政府全包转向政府主导与市场机制相结合；但随着改革的不断深入，发挥了很大作用的市场机制也显露一些弊端，尤其是"非典"暴发以后，市场主导和政府主导的争论逐渐深入。最后是医药卫生体制改革新时期。国务院出台《医药卫生体制改革近期重点实施方案(2009—2011年)》，重点提出五项改革：①加快推进基本医疗保障制度建设；②初步建立国家基本药物制度；③健全基层医疗卫生服务体系；④促进基本公共卫生服务逐步均等化；⑤推进公立医院改革试点。此五项重点改革，旨在着力解决群众反映较多的"看病难、看病贵"问题。

(2) 阐述国际上卫生改革的背景、动因以及目标。

WHO 在 2000 年的《世界卫生报告》中，将 20 世纪的全球卫生改革与发展分为三个相互交叉的时期。第一个时期始于 20 世纪四五十年代，在这次改革中，许多国家建立了国家卫生保健体系，社会保险系统扩展到中等收入国家，卫生服务提供能力（数量和质量）显著增长。第二个时期是 20 世纪 60 年代后期和 70 年代，在卫生发展领域内，人们的观念发生了许多变化。1975 年，WHO 总干事哈夫丹·马勒博士（Dr. Halfdan Mahler）提出了"2000 年人人享有健康"的概念。1978 年，WHO 通过《阿拉木图宣言》，提出初级卫生保健的概念、原则和服务内容。其后，初级卫生保健在许多国家作为基本的卫生保健策略得以贯彻。但由于资金不足、社区缺乏必要的知识和财力参与决策、多部门协作困难等原因，效果并不如预期理想。第三次改革始于 20 世纪 80 年代末，部分国家从计划经济向市场经济转轨，政府的作用被重新定位，提倡更多的内部和外部竞争，强调个体选择以及全球化发展进程，医疗卫生的发展更多地同政治、经济和意识形态变化相联系。其特征是更多地关注人的需求，强调通过有选择的卫生干预获得"低成本健康"，以及关注弱势群体的健康保健等。

四、国家药物政策和基本药物制度

(一) 案例内容

基本药物是指可以满足人群优先卫生保健需求的药物。自1975年世界卫生组织提出基本药物概念以来，基本药物已被公认为保障基本人权和健康权的重要条件。

1979年，我国政府就开始着手国家基本药物政策的制定工作，积极参与WHO的基本药物行动计划，并于同年4月成立国家基本药物遴选小组。1981年8月，我国完成了《国家基本药物目录(西药部分)》的编订工作，但此基本药物目录未收入中成药。1992年，由国家卫生部、财政部、中国人民解放军总后勤部卫生部、国家医药管理局与国家中医药管理局有关领导和专家组成的国家基本药物领导小组成立。该领导小组负责国家基本药物方针、政策和目录的制定，并协调有关部门开展国家基本药物目录制定与推行工作，药品目录遴选以"临床必需、安全有效、价格合理、使用方便、中西医并重、择优遴选"为原则。我国于1996年发布《国家基本药物制剂品种目录》。1998年，国家药品监督管理局负责国家基本药物目录的制定工作。2004年，最新版国家基本药物目录共收载基本药物2033种，其中西药773种、中成药1260种，覆盖了绝大多数疾病的治疗药物。在该阶段，国家基本药物制度的特点表现为雏形已初步形成，但仍主要停留在目录的制定与调整层面上。

2009年8月，国务院深化医药卫生体制改革领导小组发布《关于建立国家基本药物制度的实施意见》，正式启动国家基本药物制度建设工作，同时发布了《国家基本药物目录管理办法(暂行)》和《国家基本药物目录基层医疗卫生机构配备使用部分（2009版）》。随后,针对基本药物生产、流通、使用、价格等方面的配套文件与政策相应出台,有效地推动了基本药物制度的实施。由于该制度处于试点阶段,卫生部原定的"2009年30%的政府办基层医疗卫生机构实施基本药物制度"目标未能如期完成,推迟至2010年3月份。截至2010年年底,全国57%的政府办基层医疗卫生机构实施了基本药物制度。在该时期,政府强有力地推进基本药物制度,充分发挥国务院医改领导小组的保障作用,加强部门之间的协调与合作,开始重视制定与基本药物制度配套的持续性发展政策,使基本药物制度在政府举办的大多数基层医疗卫生机构得以覆盖。基本药物制度在该阶段虽然取得了一定的效果,但由于补偿机制不完善、制度宣传不到位、药物遴选缺乏严格的循证依据等原因,仍存在一定的问题。

为推动国家基本药物制度的有效实施,充分调动基层医疗机构与医务人员的积极性,2010年1月10日,卫生部发布《关于加强乡村医生队伍建设的意见》。2010年12月14日,国务院办公厅发布《关于建立健全基层医疗卫生机构补偿机制的意见》。2011年5月26日,加快推进基层医疗卫生机构综合改革的会议进一步要求各地积极落实财政补偿政策,同时实施收入分配改革与人事制度改革等。2011年7月5日,发展和改革委员会、财政部、卫生部发布《关于清理化解基层医疗卫生机构债务的意见》。一系列相关文件为基本药物制度实施指明了政策方向。在该时期,政府注重综合配套改革联合推进,开始逐步解决医药卫生体制内部长期未能解决的"顽疾",如基层医疗人才匮乏、基层建设债务巨大等影响中国卫生绩效的关键政策问题,探索促进基本药物制度持续发展的道路。

（二）案例分析

1. 思政元素

我国国家基本药物制度是指对基本药物的遴选、生产、流通、使用、定价、报销、监测、评价等环节实施有效管理的制度，并与公共卫生、基本医疗服务、基本医疗保障体系相衔接。建立国家基本药物制度是党中央、国务院为维护人民健康、保障公众基本用药权益实施的一项惠民工程，是医药卫生领域重大的体制机制改革。这对于保证基本药物的足额供应和合理使用，改革医疗机构"以药补医"机制，减轻群众的基本用药负担具有重要意义，也有利于促进药品生产流通企业资源的进一步优化和整合。在我国，基本药物是指适应基本医疗卫生需求，剂型适宜，价格合理，能够保障供应，公众可公平获得的药物。政府举办的基层医疗卫生机构全部配备和使用基本药物，其他各类医疗机构也都必须按规定使用基本药物。

2. 理论产出

药物不仅是防治疾病的物质手段，也是国家调控医药卫生事业发展的重要政策工具，药物政策及有关用药问题涉及高度政治内涵。理顺国家药物政策体系，全面推动药物领域综合改革，将为深入推进国家基本药物制度开创良好的政策环境。通过国家药物政策的制定、实施、监测和评估，有助于促进政府部门之间的政策联动，促进各项药物政策与卫生、社会保障、价格、科技与产业发展、财政及税收等相关政策之间的协调。

3. 实践推动

建立和实施国家基本药物制度是从我国实际出发，着眼于实现人人享有基本医疗卫生服务的目标，同时着力解决人民群众"看病贵"问题，把降低群众的基本用药负担、保障人民利益贯穿这一制度建设的每个环节，让人民群众得到实惠。国家统一制定基本药物零售指导价格,药品价格与之前相比有所下降。在招标采购配送环节,各省(区、市)在国家药物零售指导价格规定的幅度内确定本地区基本药物统一采购价格,其中包含配送费用,减少中间环节。在基本药物使用环节,国家要求基本药物在基层医疗卫生机构全部配备使用,其他各类医疗机构须按规定使用并确定使用比例,这必将促进医疗机构优先合理使用基本药物,规范用药行为,避免药物滥用。

(三)课堂讨论

(1)中国国家基本药物制度的发展背景以及各发展阶段是什么?

中国国家基本药物制度的发展历程按照政策发展的关键节点可以划分为三个阶段。①国家基本药物制度雏形期(2009年以前)。我国政府在1979年就开始着手国家基本药物政策的制定工作,并于1992年成立了由卫生部负责牵头的国家基本药物领导小组,主要负责国家基本药物政策、目录的制定与协调工作。在该阶段,国家基本药物制度的特点表现为雏形已初步形成,但仍主要停留在目录的制定与调整层面上。②国家基本药物制度快速发展时期(2009年8月—2010年12月)。2009年8月18日,国务院深化医药卫生体制改革领导小组公布了《关于建立国家基本药物制度的实施意见》等文件,标志着我国正式启动建立国家基本药物制度的工作。随后,针对基本药物生产、流通、使用、价格等方面的配套文件与政策相应出台,有力地推动了基本药物制度的实施。该时期政府强有力地推进了基本药物制度实施,充分发挥了国务院医改领导小组的保障作用,加强了各部门间的协调与合作,开始重视制定与基本药物制度配套的持续性发展政策,使基本药物制度在政府举办的大多数基层医疗卫生机构得以覆盖。③国家基本药物制度健康稳步发展时期。为推动国家基本药物制度的有效实施，充分调动基层医疗机构与医务人员的积极性，2010年1月10日，卫生部发布《关于加强乡村医生队伍建设的意见》。2010年12月14日，国务院办公厅发布《关于建立健全基层医疗卫生机构补偿机制的意见》。2011年7月5日，发展和改革委员会、财政部、卫生部发布《关于清理化解基层医疗卫生机构债务的意见》。一系列相关文件为基本药物制度实施提出了政策方向。在该时期，政府注重综合配套改革联合推进，开始逐步解决医药卫生体制内部长期未能解决的"顽疾"，如基层医疗人才匮乏、基层建设债务巨大等影响中国卫生绩效的关键政策问题，探索促进基本药物制度持续发展的道路。

（2）实施国家基本药物政策的原则和意义是什么？

实施国家基本药物政策的原则：国家基本药物遴选应当按照防治必需、安全有效、价格合理、使用方便、中成药与化学药并重、基本保障、临床首选和基层能够配备的原则，结合我国用药特点，参照国际经验，合理确定品种（剂型）和数量。

实施国家基本药物政策的意义：保证基本药物足量供应和合理使用，有利于保障群众基本用药权益，转变"以药补医"机制，也有利于促进药品生产流通企业资源优化整合，对于实现人人享有基本医疗卫生服务、维护人民健康、体现社会公平、减轻群众用药负担、推动卫生事业发展具有十分重要的意义。

（3）试阐述国家基本药物制度与合理用药之间的关系。

国家基本药物制度的目标是既满足广大群众防病治病的需要，又使国家有限的卫生资源得到有效的利用，达到最佳的社会效益和经济效益。概括起来主要有以下三方面的内容：①提高药品的可获得性；②保证药品的可支付性；③促进药品的合理使用。合理用药本身就是国家基本药物制度目标之一。国际上早就将基本药物与合理用药概念相结合，WHO召开的"合理用药"大会，扩展了基本药物的概念，使基本药物制度包括高度重视合理用药的内容,将合理用药定义为安全、有效、简便、及时、经济地用药。合理用药的核心内容是制定和推行基本药物制度,而完善的基本药物制度本身对合理用药具有积极的推动作用。

参考文献

[1] 白晔. 对医疗卫生体制改革的认识 [J]. 职业与健康, 2005 (11): 52-53.

[2] 陈竺. 中国卫生改革发展与健康国家战略 [J]. 中华医学杂志, 2014, 94 (27): 2081-2085.

[3] 邓晓欣, 姚中进. 三明医改经验推广的阻滞因素与整体性治理路径研究 [J]. 中国医院管理, 2022, 42 (4): 1-4.

[4] 付晨. 新时代公共卫生体系改革发展的思考 [J]. 上海预防医学, 2020, 32 (10): 784-787.

[5] 公共卫生体系改革: 危机与转机 [J]. 中国卫生, 2020 (5): 12-13.

[6] 广东省社会科学界联合会中国(海南)改革发展研究院联合课题组. 改革完善公共卫生治理体系: 新时代推进社会治理现代化的重大任务 [J]. 新经济, 2020 (11): 4-22, 2.

[7] 郭岩, 陈娟. 卫生事业管理 [M]. 北京: 北京大学医学出版社, 2003.

[8] 郝模. 医疗卫生改革相关政策问题研究 [M]. 北京: 科学出版社, 2009.

[9] 李彗闻, 王延隆. 新中国成立以来我国医疗卫生政策回顾与前瞻: 基于政策工具的分析 [J]. 中国医学伦理学, 2022, 35 (3): 290-296.

[10] 梁万年. 构建整合型医疗卫生服务体系 [J]. 中国卫生, 2021 (8): 48-49.

[11] 孟庆跃. 卫生政策与体系研究回顾与展望 [J]. 中国

卫生政策研究，2017，10（7）：1-5.

[12] 申曙光. 医保改革 推动三医更紧密更协同[J]. 中国卫生，2020（4）：94-96.

[13] 孙广亚，张征宇，孙亚平. 中国医疗卫生体制改革的政策效应：基于综合医改试点的考察[J]. 财经研究，2021，47（9）：19-33.

[14] 王虎峰. 中国医改10年历程回顾与未来展望[J]. 中国医院管理，2019，39（12）：1-5.

[15] 王雄军，张冰子. 我国医保改革的地方经验评述与启示[J]. 中国党政干部论坛，2016（5）：58-62.

[16] 王延隆，李彗闻，余舒欣，等. 中国共产党百年医疗卫生政策发展历程与展望[J]. 科技导报，2021，39（12）：82-89.

[17] 颜昌武. 新中国成立70年来医疗卫生政策的变迁及其内在逻辑[J]. 行政论坛，2019，26（5）：31-37.

[18] 杨文静. 我国公共卫生应急政策变迁研究[D]. 兰州：兰州大学，2020.

[19] 翟文康，张圣捷. 政策反馈理论视域：中国医疗卫生政策钟摆式变迁及其逻辑[J]. 中国卫生政策研究，2021，14（9）：1-7.

[20] 张文康. 中国的卫生改革与发展[J]. 中华医学信息导报，2001（22）：2-5.

[21] 张新平，王洪涛，唐玉清，等. 国家基本药物制度政策回顾研究[J]. 医学与社会，2012，25（9）：28-31.

[22] 张元明. 三明市医改与DRG收付费改革的经验总结[J]. 中国卫生经济，2022，41（1）：16-19.

（杨廉平　吴少龙　石　林）

第二章 社会医学教学案例选编

第一节 课程思政教学设计

一、案例教学适用范围

本案例主要适用于"卫生管理学"本科生和研究生课程中，社会医学相关章节的教学。

二、课程教学目标

1. 知识目标

（1）理解社区卫生服务的概念内涵。

（2）掌握社区卫生服务的特点与内容。

（3）熟悉社区卫生服务的具体方式。

（4）掌握生命质量的评价内容，包括生理状态、心理状态、社会功能状态、主观判断与满意度等。

（5）熟悉世界卫生组织生存质量测定量表（WHOQOL）及其适用的测量群体。

（6）掌握社会因素影响健康的基本规律和特点。

（7）熟悉健康社会决定因素的概念、健康社会决定因素模型的内容。

（8）了解健康社会决定因素理论的发展历程、对社会医学的意义、行动框架与国际经验。

（9）掌握慢性病管理的基本策略和管理方式。

2. 能力目标

本章旨在通过案例讨论，帮助学生学习社区卫生服务管理、生命质量测量、健康社会决定因素、慢性非传染性疾病管理方面的知识点，具体包括六个方面的内容。

（1）学生在卫生管理工作中能够掌握社区卫生服务提供涉及的机构类型、社区卫生服务考核涉及的服务内容和方式。

（2）学生在参与社区卫生服务提供时，能够明晰自己所在岗位的职责以及与其他成员在提供服务中如何协作。

（3）学生在了解社区卫生服务的基础上，在今后的日常生活中主动接受社区卫生服务，做好自己健康的责任人。

（4）学生在研究和工作中需要评定人群健康状况时，能够正确使用不同类型的生命质量量表。

（5）学生能够应用健康的决定因素模型，分析健康的影响因素，同时能够掌握健康社会决定因素行动框架。

（6）学生能够了解慢性病管理的策略和具体内容，并能够针对主要的慢性病提出相应的管理措施。

3. 价值目标

通过案例教学与小组讨论，帮助学生实现六个方面的价值目标。

（1）帮助学生理解社区卫生服务在深化城市医疗卫生体制改革、提高卫生服务公平性、实现中国人的"健康梦"中的重要作用，培养学生对社区卫生事业的情怀以及参与社区卫生服务工作的热情。

（2）引导学生深刻体会社区卫生服务中心医生的"仁心"

和"以人为本"的服务理念，培养学生的职业素养，使其富于"爱心""耐心"和"细心"。

（3）指引学生领悟生命质量测量是深深扎根于本民族文化土壤中的，带有明显的文化烙印，因此国际量表不宜全盘直接采用，有必要研制具有中国特色的量表。同理，我国卫生事业的性质、卫生体系的背景也不同于其他国家，因此有必要走中国特色卫生改革与发展之路，从而增强学生的"四个自信"——道路自信、理论自信、制度自信、文化自信。

（4）引导学生感悟多团队共同开发中文版量表的协作精神，培养学生的团队协作意识和能力。

（5）帮助学生了解社会因素在个体健康和公共卫生中的重要作用，引导学生对健康影响因素的思考，拓宽学生的公共卫生视野，培养学生爱国情怀和社会责任感。

（6）引导学生理解我国基本公共卫生服务均等化的理念和价值追求。

三、教学方法

本章第一个案例课程教学宜采用翻转课堂教学模式。学生提前查找资料和分组讨论案例，线下理论课程授课可充分结合教师讲授、小组案例讨论、学生分享等授课形式。教师提出讨论问题，将课程教学的知识目标、能力目标和价值目标融入案例讨论。理论联系实际，提高学生学习的积极性和主动性。

本章第二个案例课程教学宜采用案例教学法、体验式教学法和讨论式教学法。首先，教师讲授案例；其次，学生沉浸式填写SF-36量表和WHOQOL-100中文版量表，体会生命质量的评价内容，同时也通过生命质量评分了解自己的现状；最后，通过小组讨论，融入课程教学的知识目标、能力目标和价值目标。

本章第三个案例课程教学宜采用翻转课堂教学模式。学生提前自学课程内容和《"健康中国2030"规划纲要》，线下理论课程授课可充分结合教师讲授、小组案例讨论等授课形式。教师提出讨论问题，将课程教学的知识目标、能力目标和价值目标融入案例讨论。教师在引导案例讨论时，要重点鼓励学生尽可能从案例中归纳和寻找出健康的影响因素，促进学生对健康的社会决定因素的分类方法的理解与应用。

本章第四个案例课程教学宜采用翻转课堂教学模式。学生提前自学课程内容和国家基本公共卫生服务中慢性病管理的相关内容。在线下理论课程授课中，教师可充分结合课堂讲授、小组案例讨论、小组代表总结分析等形式授课。教师在案例讲述的过程中进行提问，让学生一边听教师讲述案例一边思考，在案例讨论的过程中引导学生梳理并总结慢性病管理的策略和主要内容，并对比两种疾病管理的异同点，促进学生对慢性病管理的理解与应用。

第二节　课程思政案例及分析

一、全科医生的一天：用坚守和担当守护全民健康

（一）案例内容

清晨8：00，谭医生准时来到已工作20余年的社区卫生服

务中心（以下简称"中心"）。

1. 充满活力的晨间运动

谭医生的第一项工作，是带领辖区居民进行晨间运动。这是该中心的传统——将健康管理融入日常生活。锻炼内容是谭医生精心设计的一套适合慢性病高龄患者练习的简易健康操。谭医生耐心地讲解动作要领，护士则在队伍中纠正一些居民不正确的姿势或动作，以便让居民掌握动作要领，避免运动损伤。8：30，早操结束，谭医生和居民们道别后回到诊室。

2. 马不停蹄的门诊工作

8：40，谭医生处理完行政事务后开始接诊。

"谭医生，早上好！"一听声音，谭医生便知道这天第一位患者是张大爷。张大爷是中心的"熟人"，也是谭医生的"粉丝"。年逾八旬的他患有心脏病、高血压3级、慢性气管炎等多种疾病。6年前，张大爷签约谭医生带领的家庭医生团队后，便定期来中心看病。考虑到张大爷的听力较差，谭医生提高分贝询问他最近的身体情况和就诊原因。从张大爷的描述中，谭医生得知他近期频繁出现头晕、头痛、胸痛、乏力等症状。根据病史及症状描述，谭医生判断张大爷的血压没有得到稳定控制，便进一步询问其近期血压测量情况。张大爷自述血压测量值无异常，并向谭医生提供了自己的血压记录本。谭医生查阅记录本后，使用水银血压计重新为张大爷测量血压，发现血压测量值高于正常值。通过进一步询问，谭医生了解到张大爷日常清晨服药，下午使用电子血压计测血压。谭医生判断，张大爷原先服用的降压药可能已不能控制血压，但由于测量时间错误、测量仪器精确性较低等原因，导致其未能及时发现血压异常。与张大爷详细沟通病情后，谭医生为张大爷提出两条建议：第一，更换降压药和测量仪器；第二，清晨先空腹测血压，再服用降血压药。征求张大爷意见后，谭医生请护士为张大爷预约好两周后的门诊，并嘱咐其定期复诊。

"谭医生，您快看看孩子身上的小疹子。"患者母亲急忙请谭医生查看孩子脸颊上的红疹子。在安抚好患者母亲的焦虑情绪后，谭医生先测量了孩子体温，再对孩子脸颊上的红疹及身体其他部位进行仔细检查。结果她发现孩子体温正常，脸颊与外耳部均出现类似皮疹，且伴有少量水疱与黄色渗液。于是谭医生向患者母亲询问了孩子的出疹过程、是否伴有其他症状、患处情况以及近期服药与饮食情况。患者母亲描述前一晚孩子因瘙痒抓挠不止，随即脸颊出现大片红疹，但并未伴随发热、精神萎靡及其他不适症状，近期未服药、未食用过海鲜。谭医生基于患者临床症状及主诉，推断疾病是食用海鲜导致的过敏性急性湿疹。她向患者母亲解释了病因、病情及后续发展，告知了可用的药物及用法、后续皮损痊愈的特征和相关注意事项。此外，她还为患者开具了一张上级医院的转诊单，嘱咐患者母亲若近期发现类似皮疹加重或有其他症状出现，可立即凭转诊单前往上级医院就诊，进行对症治疗和变应原检查，以避免再次过敏。

后续患者以复诊取药的慢性病患者居多。谭医生均热情友善地聆听患者的叙述，并给予以患者为中心的诊疗。12：00，谭医生结束繁忙的门诊工作。

3. 无微不至的家庭病床服务

14：00，谭医生与护士清点好家庭访视包中的物品，出发去为王婆婆提供每周一次的家庭病床服务。

王婆婆是一位85岁的独居老人，患有慢性心力衰竭、冠状动脉粥样硬化性心脏病、高血压3级、膝关节炎等多种慢性疾病。在王婆婆的女儿申请中心的家庭病床服务后，谭医生团队随即上门进行病情与居家环境评估。从接受建床申请、上门评估到正式建床，不到一周的时间，王婆婆便享受到了居家诊疗与护理服务。

谭医生与王婆婆寒暄几句后，开始询问她本周的身体情况与生活状况。王婆婆描述其膝盖酸痛且轻微肿胀，行动不便。从谈话中谭医生敏锐察觉到王婆婆因病情反复和服药烦琐等问题产生焦虑情绪。于是，谭医生仔细查看王婆婆膝盖，确定未出现其他问题后，对其进行了安抚和开导。待王婆婆心情好转，谭医生与护士对王婆婆进行基础诊疗和护理。常规检查显示王婆婆血压偏高，谭医生随即询问其本周服药情况。从王婆婆回答中，谭医生了解到王婆婆近期因用药种类过多，导致数次忘记服药。谭医生便为王婆婆设置手机闹钟以提醒其按时服药，并再次嘱咐其服药事项。在基础诊疗完成后，护士又为王婆婆提供了有助于缓解膝盖不适的中医护理。16：00，家庭护理结束，谭医生和护士返回中心。

16：20，谭医生回到诊室，更新今日接诊患者的健康档案。

17：30，谭医生工作结束。晚上休息前，谭医生还在家庭医生团队群中推送了健康教育知识，解答了与居民健康相关的问题。

（二）案例分析

1. 思政元素

党的十八大以来，党中央把人民身体健康作为全面建成小康社会的重要内涵，从维护全民健康和实现国家长远发展出发，身体力行、率先垂范，正在铺设一条以人民为中心的"健康之路"。2015年10月，党的十八届五中全会首次提出推进健康中国建设，"健康中国"上升为国家战略。2016年10月，《"健康中国2030"规划纲要》发布后，"以人民为中心，以健康为根本"的健康中国战略从顶层设计走进大众生活。社区卫生服务是将预防保健落实到社区、家庭和个人的有效措施，是落实"大健康、大卫生"理念的有效途径，是提高人群健康水平、实现中国健康梦的重要保障。同时，社区卫生机构贯彻"以人为本"的理念，通过多种形式的服务为人民排忧解难，充分体现了全心全意为人民服务的宗旨。

2. 理论产出

该案例通过描述全科医生一天的工作，呈现了社区卫生服务的全景。首先，社区卫生服务是以基层卫生机构为主体、全科医生为骨干，合理使用社区资源和适宜技术，以人的健康为中心、家庭为单位、社区为范围、需求为导向，以解决社区主要卫生问题、满足基本卫生服务需求为目的的基层服务。其次，社区卫生服务融预防、保健、康复、健康教育、计划生育技术服务和一般常见病、多发病的诊疗服务等为一体，具有有效、经济、方便、综合、连续等特点。最后，社区卫生服务的方式包括门诊、家庭病床、转诊和会诊、线上咨询等，涉及以患者为中心的个体化服务和以社区为导向的群体性基层医疗服务。社区卫生服务主要以家庭医生团队模式开展。家庭医生团队是以维护居民健康为目的，由全科医生、预防保健科人员、乡村医生和护士等组成的社区卫生服务基本工作单元。家庭医生团队成员在队长的管理下，分工协作，共同保障签约居民的健康。

3. 实践推动

社区卫生服务是强调以预防为主、防治结合的综合性服务，能够将广大居民的多数基本健康问题在基层就得到解决，有助于缓解居民"看病难、看病贵"的问题。因此，优化社区卫生资源配置、拓展社区卫生服务内容、丰富社区卫生服务方式、提高社区卫生服务水平，是建立我国城市卫生服务体系新格局的坚实基础，是应对人口老龄化挑战、提高卫生服务公平性、维护社会稳定的重要途径。

（三）课堂讨论

（1）谭医生参与提供的社区卫生服务类型有哪些？

社区卫生服务具体可分为基本公共卫生服务和基本医疗服务两个部分。其中，基本公共卫生服务包括健康教育、老年人健康管理、慢性病患者健康管理、建立居民健康档案等；基本医疗服务涉及家庭病床服务、常见病和慢性病诊疗服务、转诊服务等。

（2）社区医疗卫生服务与医院医疗卫生服务有哪些异同？

相同点：社区医疗卫生服务和医院医疗卫生服务同属于城市卫生服务体系的重要组成部分，都以"维护和促进健康"为服务目的，共同构建起保障人民健康的重要防线。

区别点为五个方面的不同。①服务对象不同：医院医疗卫生服务以患者为服务对象；社区医疗卫生服务以社区内所有人群为服务对象。②服务内容不同：医院医疗卫生服务以治疗为主，主要提供急危重症、疑难杂症的医疗服务；社区医疗卫生服务强调预防为主、防治结合，提供融预防、保健、康复、健康教育、计划生育技术服务和一般常见病、多发病诊疗服务为一体的综合性服务。③服务属性不同：医院医疗卫生服务是被动性、间断性的服务；社区医疗卫生服务是主动性、可及性、连续性的服务。④服务方式不同：医院医疗卫生服务以疾病为中心，主要包括门诊服务和住院服务；社区医疗卫生服务以人为中心，主要包括综合性个体化服务和以社区人群需求为导向的群体性服务。

（3）我国已经将社区卫生服务机构作为基层卫生保健服务的重要首诊机构，并赋予其医疗保健体系"守门人"角色。基层首诊对居民、对医院、对我国卫生体系分别有哪些重要意义？

对居民来说，一方面，基层首诊具有地理可及性和出行便利性，大大优化了居民的就医体验，在一定程度上缓解了"看病难"问题；另一方面，基层首诊医疗费用较低、医保报销比例较高，有利于缓解居民"看病贵"问题。

对医院来说，基层首诊有利于分流患者，减轻医院过重的诊疗压力，使医院可将更多的人力和物力资源投入急危重症、疑难杂症的攻克。

对我国卫生体系来说，基层首诊有利于积极发展社区卫生服务，提升社区卫生服务能力，夯实社区卫生服务机构在城市卫生服务体系中的基础作用，进而逐步形成适合我国国情的城市卫生服务体系新格局。

二、医学的温度：世界卫生组织生存质量测定量表中文版的研制与应用

（一）案例内容

20世纪70年代，随着疾病谱的转变、生物医学模式的演变和人们对健康观念的重新认识，以患者的生命延续与局部躯体功能改善为中心的传统医疗开始转向以患者的生命质量为中心的价值医疗。健康相关生命质量的评价也随之在全球兴起，各国学者相继提出和建立了一系列的实用理论和测量评定方法，推动了生命质量领域在基础研究、临床应用和卫生政策评价等多个方面的深入发展。我国对生命质量的研究始于20世纪80年代中期，主要是对国外文献和研究进行翻译和综述，90年代初开始关注普通人群及某些病种的生命质量评估。然而，当时许多与健康相关的生命质量测定量表是由美国、欧洲等发达国家和地区所研制的，语言习惯、文化背景的不同和经济发展的差异使得这些量表并不能被直接用于测量我国人民的生命质量。因此，研制和应用兼具国际可比性、实际可操作性和中国特色的生命质量量表迫在眉睫。

1. 勇担重任，研国之所需

1995年，第二届国际生命质量学术大会增加中国作为生存质量测定量表研究协作国，同步参与跨国度、跨文化、跨语言的生存质量测定量表的研制。在此背景下，中山医科大学方积乾教授团队毅然接受世界卫生组织和中华人民共和国卫生部的委托，以世界卫生组织生存质量测定量表（World Health Organization Quality of Life Assessment-100，WHOQOL-100）和世界卫生组织生存质量测定量表简表（World Health Organization Quality of Life Assessment-BREF，WHOQOL-BREF）为基础，结合我国国情，着手筹备中文版WHOQOL-100和WHOQOL-BREF的研制工作。

方积乾教授团队基于前期关于生命质量和量表汉化的研究，考虑量表研制的复杂性，先以我国广东省为研制地点、以中山医科大学统计学教研室为研制小组、以广东省卫生厅为合作单位制定WHOQOL-100（广东版）。根据世界卫生组织生存质量研究协作组制定的工作纲要，量表研制工作共分为五步。

第一步，翻译。首先，由研制小组中具备良好双语背景的两位公共卫生专家独立将WHOQOL-100英文版翻译为中文，第三位专家综合前两位专家的翻译稿，形成WHOQOL-100（广东版）第一版。其次，由医生、护士等医务人员以及医学生组成的核心工作组和由患者组成的核心工作组分别对第一版进行讨论和修改，形成第二版，即翻译版。

第二步，回译。由两位英文专业专家分别将第二版回译为英文，第三位专家综合前两位专家的回译稿，形成WHOQOL-100（广东版）回译版。两大核心工作组对量表原版和回译版进行比较和讨论，在此基础上，对第二版进行修改和调整，形成第三版。

第三步，文化调适。临床、护理、公共卫生和心理测量学等方面经验丰富的多位专家，通过邮件、面对面交流等形式从专业知识、语言表达习惯、文化背景以及条目的可理解性、回答方式等方面对第三版的条目逐一进行评议，并就量表原版与第三版进行等价性分析，达成一致性意见。同时，由两大核心工作组进行反应度试验，根据结果对第三版进行修改，形成第四版。

第四步，预调查，通过实践调查全面考察量表的相关特性。首先，研制团队在广东省东部、西部、南部、北部和中部各选取一个地区，即梅州、湛江、中山、韶关和广州。其次，研制团队在5个地区各抽取约100名测定对象进行调查。最后，研制团队根据调查所得资料综合评估量表的信度、效度、反应度和可解释性等特性，并基于此次预调查结果研制了WHOQOL-BREF（广东版）第一版。

第五步，完成量表研制。综合预调查的反馈结果与专家组的建议，在广东省卫生厅指导下，研制团队对WHOQOL-100（广东版）第四版及WAOQOL-BREF（广东版）第一版进行进一步修订和调整，最终形成WHOQOL-100（广东版）以及WHOQOL-BREF（广东版）。

2. 交流互鉴，攻科研难关

1996年4月，受卫生部科技教育司委托，由卫生标准办公室领导、中山医科大学牵头的国内合作研究组织会议于北京召开。方积乾教授在此次会议上详细介绍了WHOQOL-100（广东版）的研制方法、计划、过程和取得的成果，并正式提出"WHOQOL-100中文版的制定及相关研究"计划。来自国内各高校和研究所的13名参会者讨论并通过了《关于研制WHOQOL-100中文版的具体实施方案》，同时在会议上就WHOQOL-100（广东版）从疑问句的格式、简略答案的格式、副词的选用、斟酌用词等方面谨慎地进行了改动，以适应中国人的语言习惯，最终把修订稿更名为"96中文版"。该版本共包含103个问题，除量表原版原有的100个问题外，参会专家还根据中国的传统文化特征，新增加了"家庭摩擦问题""食欲问题"和"自身生存质量的总评价问题"。

随后，在卫生部科技教育司的支持下，以方积乾（中山医科大学）、佟之复（北京老年医学研究所）、叶葶葶（上海医科大学）、王家良（华西医科大学）、丁宝坤（中国医科大学）和李志刚（西安医科大学）为首的研究团队在广州、北京、上海、成都、沈阳和西安6个城市对形成的"96中文版"量表进行了正式的现场调查。各城市通过二阶段随机抽样分别抽取300人作为研究样本。为确保样本具有代表性，各团队不仅均衡了样本中性别、年龄、患病情况等因素，而且考虑了病种对生命质量的影响，调查样本的疾病种类纳入了以下多种疾病：青年人常见病有慢性肝炎、胃溃疡、慢性支气管炎、抑郁症等；中年人常见病有高血压、冠心病、糖尿病、关节炎等；老年人常见病有癌症、心血管疾病、糖尿病和骨折等。此外，研究团队还分析了50名患者治疗前后的健康相关生存质量的变化。

1997年2月，6个研究团队将各自所负责城市的现场调查资料汇总至中山医科大学公共卫生学院统计学教研室。教研室对现场调查所收集的资料进行整理后，共纳入1654名符合要求的研究对象，其中高血压、糖尿病、癌症和关节炎等慢性病患者877名，健康者777名。研究团队随即进行"96中文版"的信效度检验。首先，检验量表的信度。结果显示，在量表6个领域中，生理领域的Cronbach's α系数最低（0.4169），环境领域的Cronbach's α系数最高（0.9323）；在量表24个测量维度中，除行动能力方面的Cronbach's α系数为0.3816，其他23个维度的Cronbach's α系数均大于0.6500。这表明"96中文版"具有良好的信度。其次，检验量表的内容效度、区分效度和结构效度。从内容效度来看，该量表的各个领域和各方面之间均存在一定的相关性，并且各方面与其所属领域之间相关性较强，而与其他领域相关性较弱。尤其是生理领域与其下属的 3 个方面、精神支柱/宗教/个人信仰领域与其下属的 1 个方面的 Pearson 相关系数均大于 0.8。这表明"96 中文版"具有良好的内容效度。从区分效度来看，在量表 6 个领域中，生理领域、独立性领域、社会关系领域和环境领域 4 个领域患者与健康者的得分均具有统计学意义（$P < 0.05$）。在 24 个测量维度中，14 个维度患者与健康者的得分均具有统计学意义（$P < 0.05$）。然而，患者和健康者在心理领域下属的 4 个方面以及性生活、社会安全保障、休闲活动的参与机会与参与程度、交通条件和精神支柱/宗教/个人信仰等方面的得分均没有统计学意义。结果提示，"96 中文版"的区分效度有待进一步评估。研究团队在查阅既往文献和回溯调查及资料收集过程后，怀疑量表的区分效度不佳的原因可能是研究样本中涉及多种病种，而不同病种对生命质量的影响可能体现在不同领域及方面。故研究人员利用多重回归方法，在控制性别、年龄和受教育情况等混杂因素的前提下，分别考察该量表区分不同疾病类型患者与健康者的能力，发现癌症患者在 6 个领域的得分均低于健康者（$P < 0.05$）。这表明"96 中文版"具有较好的区分效度。从结构效度来看，证实性因子分析结果显示，总的生活质量与 6 个领域的因子结构模型的拟合优度指数（comparative fit index，CFI）为 0.904；6 个领域各自的因子结构（即各个领域与其下属方面的因子结构）模型的 CFI 也均大于 0.9。这表明"96 中文版"具有较好的结构效度。

  基于 6 个城市现场调查的结果，方积乾教授团队邀请了 2 位英语专业专家独立进行"96 中文版"的逆向翻译工作，形成逆向翻译版，通过比较逆向翻译版和原版，对"96 中文版"进行了微小的修改和调整，最终形成兼顾国际可比性和实际可操作性的"97 中文版"。研究团队对"97 中文版"进行逆向翻译，将"97 中文版"、逆向翻译版以及中文版研制和现场调查报告等相关资料一并报请世界卫生组织生存质量研究协作组审核。

1997年，世界卫生组织生存质量研究协作组正式接受并确认"97中文版"为世界卫生组织生存质量测定量表中文版。中华人民共和国卫生部法制与监督司随后将WHOQOL-100中文版命名为生存质量测定量表（instrument for quality of life assessment）。1999年12月9日，中华人民共和国卫生部将其发布为中华人民共和国卫生行业标准（标准号：WS/T 119—1999），于2000年5月1日开始正式实施。

3. 不忘初心，启无尽探索

2000年1月，由广东省卫生厅、香港医院管理局和中山医科大学联合举办的"全国首届生存质量学术会议"在广州召开，共有271名国内外专家学者代表参会。会议以"生存质量的概念、测量及应用"为主题，多位学者围绕该主题展开了深入的交流与讨论。方积乾教授在会议上正式介绍了世界卫生组织生存质量测定量表中文版的研制过程和心理学测度，为我国生存质量测定量表的研制以及量表的跨文化研究提供了宝贵的参考借鉴，并推动了生存质量国际合作研究的拓展和深入。

在WHOQOL-100和WHOQOL-BREF中文版成功研制后，方积乾教授研究团队并没有就此止步，而是基于量表相关研究成果，逐步细化和深入开展了一系列健康相关生命质量研究。一方面，研究团队继续完善并研制本土化的生命质量测定量表，形成了适合我国的健康相关生存质量测评工具体系。研究团队不但开展了WHOQOL-BREF中文版量表的等价性检验，证实WHOQOL-BREF中文版在英国、美国、德国和中国等13个国家之间具有基本的等价性，而且研制了适用于老人、儿童和残疾人等社会弱势群体，肺结核、肝癌、鼻咽癌和糖尿病等慢性病患者以及戒毒者、药物成瘾者等特殊人群的特异型量表，作为通用型量表的补充。直至今日，这些根植于我国文化下的量表仍被广泛应用于临床医学、预防医学、卫生经济学、卫生决策、中医及中西医结合等与健康有关的众多研究领域。另一方面，研究团队不断拓宽本土化的生命质量量表在我国的应用范围，掀起了国内健康相关生命质量的研究热潮。研究团队率先应用 WHOQOL-BREF 中文版测评了老年前列腺增生症等慢性病患者的生命质量，并探讨了生命质量的影响因素。而后，多位学者不仅应用 WHOQOL-100 中文版及其简表研究了我国大学生、医生等健康人群，老年人、儿童等社会弱势群体，癌症、慢性阻塞性肺疾病、中风等慢性病患者的生命质量及其影响因素，而且将其作为药物和临床治疗方案选择及评价的一种重要手段，推动了我国医疗实践的发展。

（二）案例分析

1. 思政元素

没有全民健康，就没有全面小康。健康不仅是没有疾病或虚弱，而且是一种身体、心理和社会的完好状态。因此，虽然死亡率和患病率是重要的健康指标，但并非人类全部的健康指标。卫生部委托方积乾教授团队研制中文版生命质量量表，从以疾病为中心向以健康为中心转变，体现了党和政府坚持以人民为中心的发展思想。生命质量量表的研制与应用在推进现代医学不断发展的同时促使了医学回归"以人为本""以患者为中心"，赋予了"医学有温度"的人文关怀。

2. 理论产出

社会的发展、医学的进步以及健康观念的转变，使得患者尤其是癌症等慢性病患者不仅希望自己的寿命能够延长，更希望自己能够活得有尊严、有价值。现代生活节奏的加快，使得城市中大部分群体工作、学习和生活的压力不断加大，身体、心理或社会适应处于亚健康状态。对于这些个体来说，生命质量这项综合指标能够更全面反映他们的健康状况和主观体验。健康相关生命质量评价的基本内容包括生理状态、心理状态、社会状态、主观判断与满意度等。生命质量量表的研制是一项复杂的系统工程，包括明确研究对象及目的、建立研究工作组、提出量表条目形成条目池、确定条目的形式及回答选项、条目分析及筛选、量表的计分方法、预调查与修改、量表性能评价等一系列科学严谨的过程。

3. 实践推动

生命质量量表已被广泛应用于社会医学、药学、临床医学、卫生管理学等与健康相关的领域，测定对象包括不同年龄和不同疾患者群。在社会医学领域，肿瘤和慢性非传染性疾病患者的生命质量成为评价这类人群健康状况的重要指标。在药学和临床医学领域，通过测定患者接受不同药物和治疗方法后的生命质量，为卫生技术评估、药品和诊疗方案选择提供新的参考依据。在卫生管理学领域，以生命质量效用值和质量调整寿命年为效果指标的成本—效用分析成为配置卫生资源的重要依据。这些都极大地推动了我国卫生服务实践的发展。

（三）课堂讨论

（1）由方积乾教授牵头研制的WHOQOF中文版包括哪些研制步骤？研制过程是否科学合理？科研活动中的协作能产生哪些作用？

WHOQOF中文版的研制属于规范引进外文量表，主要包括选择量表、建立研究工作组、汉化（翻译、回译、文化调适和等价性考察）、预试与修改、量表性能评价（信度、效度、反应度和可解释性）等步骤。

研究团队根据世界卫生组织生存质量研究协作组制定的工作纲要，稳步推进量表引进，整个研制过程科学合理。首先，通过建立研究工作组、汉化、预试与修改，形成WHOQOL-100（广东版）和 WHOQOL-BREF（广东版）。其次，联合国内各高校和研究所的研究人员，在 WHOQOL-100（广东版）基础上构建 WHOQOL-100 中文版，并在全国范围内进行量表性能评价。最后，基于研究结果进行文化适应性修改，形成兼具国际可比性和实际可操作性的 WHOQOL-100 中文版。

科学研究是一项复杂、艰巨的群体劳动，往往需要多种不同专业知识、技能和背景相互结合。科研活动中的协作有利于激发创新思维、扩大研究深度和广度，是攻克科学难关、实现科技进步的必备要素。在本案例中，科研活动中的协作有助于推动科研计划顺利落实，得到高质量科研成果。

（2）不同人生阶段的群体，在生命质量评价的哪些方面可能会有明显差异？

不同人生阶段的群体，在生命质量评价的四个方面可能会有明显差异。①生理状态方面，即个体的体能和活动能力状态。不同人生阶段的群体活动受限、社会角色受限、体力适度等存在明显差异。②心理状态方面，即情绪反应和认知功能。其中，认知功能障碍常常发生于到达一定年龄阶段的老年人。③社会功能状态方面。不同人生阶段的群体对其社会交往和社会资源的评价可能有所不同。④主观判断和满意度。不同人生阶段的群体对其健康状态和生活状况的自我判断以及自身满意度与幸福度的评价可能存在差异。

（3）如何设计和实施一个评价老年慢性病患者生命质量的研究？

设计和实施一个评价老年慢性病患者生命质量的研究主要包括七个步骤。①确定研究目的。该研究目的为评价老年慢性病患者生命质量。②明确研究对象。根据研究目的对研究对象的人群分布特征、地域范围等进行明确的规定。③确定研究工具。根据研究对象选择适宜的研究量表（通用型量表或特异性量表）。④

确定样本量。生命质量资料包含多个领域、维度和条目，是多结局资料，可借鉴一般多变量分析的方法估计样本量。⑤资料收集。确定拟收集资料的内容和资料收集方法。原则上，生命质量资料填写是由研究对象自行完成。如果是年老、病重或者精神疾病患者不能自行评价其生命质量，此时可以采用代理者评价。⑥数据的整理与分析。根据生命质量资料的特点（多指标、多结局的资料）选择合适的数据分析方法，主要包括同一时点的横向分析、不同时点的纵向分析以及生命质量与客观指标的结合分析。⑦质量控制。一方面，培训调研员。在资料收集前，应对所有调研员进行严格培训，使其掌握统一的方法和技巧。另一方面，提高研究对象依从性。必要时，研究人员应采取多项措施提高研究对象依从性，如量表设计简短，从老年人角度出发设计整个测定过程以及寻求亲友等相关人员的支持配合。

三、《"健康中国2030"规划纲要》与健康的社会决定因素

（一）案例内容

2016年10月25日，中共中央、国务院发布了《"健康中国2030"规划纲要》（以下简称《纲要》）。这是未来15年推进健康中国的行动纲领。党中央、国务院高度重视人民健康工作。习近平总书记指出："健康是促进人的全面发展的必然要求，是经济社会发展的基础条件，是民族昌盛和国家富强的重要标志，也是广大人民群众的共同追求。"① 按照党中央、国务院的部署，

---

① 白剑峰：《让全民健康托起全面小康》，载《人民日报》2020年4月10日第19版。

国务院医改领导小组组织开展了《纲要》的编制工作。

1. 《纲要》的主要特点

《纲要》坚持目标导向和问题导向，突出了战略性、系统性、指导性、操作性，具有三个方面的鲜明特点。

（1）突出大健康的发展理念。当前我国居民主要健康指标总体上优于中高收入国家的平均水平，但随着工业化、城镇化、人口老龄化发展以及生态环境、生活方式变化，维护人民健康面临一系列新挑战。根据世界卫生组织的研究，人的行为方式和环境因素对健康的影响越来越突出，"以疾病治疗为中心"难以解决人的健康问题，也不可持续。因此，《纲要》确立了"以促进健康为中心"的"大健康观""大卫生观"，提出将这一理念融入公共政策制定实施的全过程，统筹应对广泛的健康影响因素，全方位、全生命周期维护人民群众健康。

（2）着眼长远与立足当前相结合。《纲要》围绕全面建成小康社会、实现"两个一百年"奋斗目标的国家战略，充分考虑与经济社会发展各阶段目标相衔接，与联合国"2030可持续发展议程"要求相衔接，同时针对当前突出问题，创新体制机制，从全局高度统筹卫生、体育健身、环境保护、食品药品、公共安全、健康教育等领域政策措施，形成促进健康的合力，走具有中国特色的健康发展道路。

（3）目标明确、可操作性强。《纲要》围绕总体健康水平、健康影响因素、健康服务与健康保障、健康产业、促进健康的制度体系等方面设置了若干主要量化指标，使目标任务具体化，工作过程可操作、可衡量、可考核。据此，《纲要》提出健康中国"三步走"的目标，即"到2020年……主要健康指标居于中高收入国家前列"，"到2030年……主要健康指标进入高收入国家行列"，并展望，"到2050年，建成与社会主义现代化国家相适应的健康国家"。

2.《纲要》的重点内容

《纲要》阐述了维护人民健康和推进健康中国建设的重大意义，总结我国健康领域改革发展的成就，分析未来15年面临的机遇与挑战，明确《纲要》基本定位。《纲要》明确了未来15年健康中国建设的总体战略，要坚持以人民为中心的发展思想，牢固树立和贯彻落实创新、协调、绿色、开放、共享的发展理念，坚持以基层为重点，以改革创新为动力，预防为主，中西医并重，将健康融入所有政策，人民共建共享的卫生与健康工作方针，以提高人民健康水平为核心，突出强调了三项重点内容。

（1）预防为主、关口前移，推行健康生活方式，减少疾病发生，促进资源下沉，实现可负担、可持续的发展。

（2）调整优化健康服务体系，强化早诊断、早治疗、早康复，在强化基层的基础上，促进健康产业发展，更好地满足群众健康需求。

（3）将"共建共享、全民健康"作为战略主题，坚持政府主导，动员全社会参与，推动社会共建共享，人人自主自律，实现全民健康。

《纲要》明确将"共建共享"作为"建设健康中国的基本路径"，是贯彻落实"共享是中国特色社会主义的本质要求"和"发展为了人民、发展依靠人民、发展成果由人民共享"的要求。要从供给侧和需求侧两端发力，统筹社会、行业和个人三个层面，实现政府牵头负责、社会积极参与、个人体现健康责任，不断完善制度安排，形成维护和促进健康的强大合力，推动人人参与、人人尽力、人人享有，在"共建共享"中实现"全民健康"，提升人民获得感。

按照习近平总书记"没有全民健康，就没有全面小康"的指示精神，《纲要》明确将"全民健康"作为"建设健康中国的根本目的"，强调"立足全人群和全生命周期两个着力点"，分别解决提供"公平可及"和"系统连续"健康服务的问题，做好妇女、儿童、老年人、残疾人、低收入人群等重点人群的健康工作，强化对生命不同阶段主要健康问题及健康主要影响因素的有效干预，惠及全人群，覆盖全生命周期，实现更高水平的全民健康。

3.《纲要》的战略任务

《纲要》坚持以人民健康为中心，站在大健康、大卫生的高度，紧紧围绕健康影响因素（包括遗传和心理等生物学因素、自然与社会环境因素、医疗卫生服务因素、生活与行为方式因素）确定《纲要》的主要任务，包括健康生活与行为、健康服务与保障、健康生产与生活环境等方面。《纲要》以人的健康为中心，按照从内部到外部、从主体到环境的顺序，依次针对个人生活与行为方式、医疗卫生服务与保障、生产与生活环境等健康影响因素，提出普及健康生活、优化健康服务、完善健康保障、建设健康环境、发展健康产业五个方面的战略任务。

（1）普及健康生活。从健康促进的源头入手，强调个人健康责任，通过加强健康教育，提高全民健康素养，广泛开展全民健身运动，塑造自主自律的健康行为，引导群众形成合理膳食、适量运动、戒烟限酒、心理平衡的健康生活方式。

（2）优化健康服务。以妇女、儿童、老年人、贫困人口、残疾人等人群为重点，从疾病的预防和治疗两个层面采取措施，强化覆盖全民的公共卫生服务，加大慢性病和重大传染病防控力度，实施健康扶贫工程，创新医疗卫生服务供给模式，发挥中医治未病的独特优势，为群众提供更优质的健康服务。

（3）完善健康保障。通过健全全民医疗保障体系，深化公立医院、药品、医疗器械流通体制改革，降低虚高价格，切实减轻群众看病负担，改善就医感受。加强各类医保制度整合衔接，改进医保管理服务体系，实现保障能力长期可持续。

（4）建设健康环境。针对影响健康的环境问题，开展大气、水、土壤等污染防治，加强食品药品安全监管，强化安全生产和职业病防治，促进道路交通安全，深入开展爱国卫生运动，建设健康城市和健康村镇，提高突发事件应急能力，最大限度减少外界因素对健康的影响。

（5）发展健康产业。区分基本和非基本，优化多元办医格局，推动非公立医疗机构向高水平、规模化方向发展。加强供给侧结构性改革，支持发展健康医疗旅游等健康服务新业态，积极发展健身休闲运动产业，提升医药产业发展水平，不断满足群众日益增长的多层次、多样化健康需求。

（二）案例分析

1. 思政元素

健康的社会决定因素是指对健康产生影响的社会因素，包括人们生活和工作的全部社会条件，除直接导致疾病的因素之外，由人们的社会地位和所拥有资源所决定的生活和工作的环境及其他对健康产生影响的因素。健康的社会决定因素的核心价值理念是健康公平。它体现了一直以来所倡导的"健康是一项基本人权，不因种族、宗教、政治信仰、经济或者社会情境不同而有差异"的理念。

《纲要》明确将"全民健康"作为"建设健康中国的根本目的"，强调"立足全人群和全生命周期两个着力点"，分别解决提供"公平可及"和"系统连续"健康服务的问题，做好妇女、儿童、老年人、残疾人、低收入人群等重点人群的健康工作，强化对生命不同阶段主要健康问题及健康主要影响因素的有效干预，惠及全人群，覆盖全生命周期，实现更高水平的全民健康。

2. 理论产出

《纲要》确立了"以促进健康为中心"的"大健康观""大

卫生观",提出将这一理念融入公共政策制定实施的全过程,统筹应对广泛的健康影响因素,全方位、全生命周期维护人民群众健康。这正体现了《纲要》对健康的社会决定因素的重视,具体体现在:在个体生活方式方面,提出塑造自主自律的健康行为;在社会和社区网络方面,提出要加强健康教育和提高全民身体素质;在社会结构性因素方面,强调要加强重点人群健康服务、健全医疗保障体系、完善药品供应体系等;在宏观社会经济、文化和环境因素方面,提出要深入开展爱国卫生运动、加强健康法制建设、加强国际合作等。

3. 实践推动

从改善健康的社会决定因素的角度来看,实施《纲要》需要多方面的共同努力。首先,政府在推动《纲要》实施过程中扮演着重要角色,通过政策制定、资源投入和协调合作等举措,致力于引导全社会关注健康并促进健康发展。其次,宏观社会经济、文化和环境因素与社会结构性因素调整需要多部门的协同合作,卫生健康部门、教育部门、环境保护部门、城乡规划部门等应共同努力,从不同角度和领域出发,共同推动健康的社会决定因素的改善。此外,社区和基层也扮演着重要角色,通过社区医疗机构、社区卫生服务中心、社区志愿者等普及健康宣传教育、提供基本医疗服务和组织健康促进活动,全面发挥社会和社区网络对促进健康的积极作用。同时,全民参与也至关重要,通过教育宣传、健康素养提升和行为倡导等方式,鼓励广大公民参与健康促进和健康的社会决定因素改善的实践,形成全社会共同关注和努力的良好氛围。最后,需要进行监测评估和经验总结,通过收集数据、评估政策效果、总结成功经验和教训等方式,不断调整和改进《纲要》实施过程中的策略和措施,以提高健康的社会决定因素的改善效果。

（三）课堂讨论

（1）"以促进健康为中心"与"以疾病治疗为中心"两者之中，哪个更关注健康的社会决定因素？

"以促进健康为中心"更关注健康的社会决定因素。"以促进健康为中心"的理念强调从健康促进的角度来关注和改善人们的健康状况。它强调预防、促进和维护健康，注重从源头上控制和改变健康的社会决定因素，以提高整个社会群体的健康水平。

与之相比，"以疾病治疗为中心"更侧重于面对已经发生的疾病或健康问题进行治疗和医疗干预。它更注重对症治疗、医疗技术和药物的应用，相对较少关注社会决定因素对健康的影响。

因此，"以促进健康为中心"更加关注健康的社会决定因素。它从全面、系统的角度思考和干预人们的健康问题，不仅强调个体层面的行为和健康素养，也关注社会环境、社会经济、教育、居住条件、就业和社会支持等与健康密切相关的社会因素。通过改善健康的社会决定因素，可以更有效地预防疾病的发生和提高全民的健康水平。

（2）健康的社会决定因素的核心价值理念是什么？这在《纲要》中是如何体现的？

健康的社会决定因素的核心价值理念是关注和改善人们健康的根本因素，即社会、经济、环境和行为等方面的综合影响。它强调健康是整个社会系统的产物，健康水平的提高不仅依赖于个体的行为和医疗服务，还与社会、经济和环境等广泛因素的相互作用密切相关。

在《纲要》中，这一核心价值理念得到了明确的体现和强调。《纲要》将健康的社会决定因素作为推动健康发展的关键要素，提出了一系列政策和措施来解决社会决定因素对健康的影响。以下是这一核心价值理念在《纲要》中的体现：

多部门合作：《纲要》明确要求各相关部门加强协作，包括卫生健康、教育、环境保护、城乡规划等部门，共同推动健康的社会决定因素的改善。

社会公平和社会保障：《纲要》强调要推进社会公平，保障人民健康权益，提高全民健康水平，减小因社会因素造成的健康差距。

环境保护和改善：《纲要》强调要加强环境保护，改善环境质量，减少污染物对健康的影响，保障人民生活在良好的环境条件下。

健康教育和健康素养提升：《纲要》强调要重视健康教育和健康素养的提升，通过教育宣传和培训，提高人们对健康的认知和行为习惯，促进积极的健康行为。

社区参与和基层服务：《纲要》强调要鼓励社区和基层在健康服务中的积极参与，提供全方位的健康服务，特别是针对健康的社会决定因素的干预和改善。

通过这些具体措施和政策，《纲要》体现了关注和改善健康的社会决定因素的核心价值理念，并提出了系统、综合的战略和行动，以推动全社会的健康发展。

(3) 如何按照健康的社会决定因素模型对《纲要》中提到的健康影响因素进行分类？

按照健康的社会决定因素模型，可以将《纲要》中提到的健康影响因素分为以下四种类别。

第一，社会因素。社会因素主要涉及社会经济、教育和文化等方面的因素。在《纲要》中，社会因素包括社会公平、社会保障、社会文化环境等。这些因素对个体的健康水平有着重要影响，例如社会公平的改善可以减小健康差距，社会保障的提供可以保障人民的健康权益。

第二，经济因素。经济因素包括收入、就业、社会经济地位等。在《纲要》中，经济因素涉及促进经济的可持续发展、建立健全的社会保障体系等。经济因素对个体的健康会产生影响，例如经济的发展可以提供更好的医疗资源和服务，改善就业条件可以增加收入水平，从而促进健康。

第三，环境因素。环境因素包括生活环境、工作环境、自然环境等。在《纲要》中，环境因素涉及环境保护、改善环境质量等。环境因素对健康有直接的影响，例如空气污染、水污染等会对人们的健康造成负面影响，良好的生活环境和工作环境有利于人们的健康。

第四，行为因素。行为因素涉及个体的生活方式、行为习惯等。在《纲要》中，行为因素包括健康教育、健康素养的提升等。个体的行为习惯和生活方式对健康具有重要影响，例如健康饮食、规律运动、戒烟限酒等都是个体在行为上关注健康的重要方面。

综上所述，按照健康的社会决定因素模型，可以将《纲要》中提到的健康影响因素分类为社会因素、经济因素、环境因素和行为因素。这种分类有助于全面理解和干预健康决定因素，促进健康的改善和发展。

（4）健康的社会决定因素的行动框架在《纲要》中如何体现？可以结合世界卫生组织的建议进一步分析。

在日常生活环境方面，《纲要》关注了社会分层所决定的儿童早期发展、社会环境和职业环境中面临的健康危险因素。它提出了改善人们的日常生活条件的措施，包括提供良好的出生环境、创造健康友好的社会环境、改善职业环境等。这与世界卫生组织的建议相一致，即改善人们的生活条件，包括出生环境、生活环境和工作环境，以降低健康危险因素的暴露和提升整体健康水平。此外，《纲要》还关注了人群之间不同的物质环境、社会支持网络、社会心理因素、行为因素和生物因素。世界卫生组织建议通过健康促进、疾病预防和治疗等卫生服务来改善不同人群的健康状况。这意味着提供平等可及的健康服务，能够确保人们获得有效的健康促进措施和疾病预防措施。

在社会结构性因素方面，《纲要》关注了社会分层的状况和程度，以及文化、社会规范和价值观对健康的影响。它强调了推动社会公平和社会保障，减少社会经济差距对健康的影响。这与世界卫生组织的建议相一致，即从国际、国家和社区的不同层面解决权力、财富和资源的不平等分配问题，以创造公平的社会环境和社会结构。

综合来看，《纲要》在体现健康社会决定因素的行动框架方面与世界卫生组织的建议策略具有一定的一致性。《纲要》关注改善人们的日常生活环境，包括社会分层决定的健康危险因素、物质环境、社会支持网络等，并通过提供全面的健康服务来促进健康。同时，《纲要》也关注社会结构性因素的作用，并倡导推动社会公平和社会保障，减少社会经济差距对健康的不利影响。这些措施和世界卫生组织的建议相互呼应，旨在改善健康公平，促进健康发展。

四、国家基本公共卫生服务项目——慢性非传染性疾病健康管理

（一）案例内容

慢性非传染性疾病（noncommunicable diseases，NCDs）简称"慢性病"，占我国疾病总负担的70%以上。《健康中国行动（2019—2030年）》显示，2019年我国NCDs中的心脑血管疾病位居死因之首，其中，高血压患者人数最多，约2.7亿。同时，

我国也是全球糖尿病患病率增长最快的国家之一，目前患者人数已超过 9700 万。

对于这两种患病率高、病程长、并发症多、对生活质量影响大的疾病，我们该怎么办呢？从医学的角度上看，这两种疾病的进展缓慢，有相对简便安全的检测方法，定期监测、规律服药、合理膳食和运动可以有效地降低并发症和死亡率。因此，国务院在 2009 年 7 月 10 日启动了国家基本公共卫生服务项目，针对慢性病患者等重点人群提供免费的健康管理，服务内容包括筛查、随访评估、分类干预和健康体检，并明确要求乡、镇及社区卫生服务机构为辖区内确诊为原发性高血压或 2 型糖尿病的 35 岁及以上常住居民每年提供 4 次面对面随访服务和 1 次较全面的健康检查。

1. 高血压

（1）筛查。

1）对辖区内 35 岁及以上常住居民，每年为其免费测量 1 次血压（非同日 3 次测量）。

2）对第一次发现收缩压 ≥140 mmHg 和/或舒张压 ≥90 mmHg 的居民在去除可能引起血压升高的因素后预约其复查，非同日 3 次测量血压均高于正常值，可初步诊断为高血压。建议转诊到有条件的上级医院确诊并取得治疗方案，2 周内随访转诊结果，对已确诊的原发性高血压患者纳入高血压患者健康管理。对可疑继发性高血压患者，及时转诊。

3）如有以下 6 项指标中的任意 1 项高危因素，建议每半年至少测量 1 次血压，并接受医务人员的生活方式指导：

a. 血压高值（收缩压 130～139 mmHg 和/或舒张压 85～89 mmHg）。

b. 超重、肥胖或腹型肥胖。超重：28 kg/m² ＞ BMI（body mass index，指身体质量指数）≥ 24 kg/m²；肥胖：BMI ≥ 28 kg/m²；腹型肥胖：男性腰围≥90 cm，女性腰围≥85 cm。

c. 高血压家族史（一、二级亲属）。

d. 长期膳食高盐。

e. 长期过量饮酒（每日饮白酒≥100 mL）。

f. 年龄≥55 岁。

（2）随访评估。对原发性高血压患者，每年要提供至少 4 次面对面的随访。

1）测量血压并评估是否存在危急情况，如出现收缩压≥180 mmHg 和/或舒张压≥110 mmHg；出现意识改变、剧烈头痛或头晕、恶心呕吐、视力模糊、眼痛、心悸、胸闷、喘憋、不能平卧及处于妊娠期或哺乳期同时血压高于正常值等危急情况之一；存在不能处理的其他疾病时，须在处理后紧急转诊。对于紧急转诊者，乡镇卫生院、村卫生室、社区卫生服务中心（站）应在 2 周内主动随访转诊情况。

2）若不需紧急转诊，询问上次随访到此次随访期间的症状。

3）测量体重、心率，计算 BMI。

4）询问患者疾病情况和生活方式，包括心脑血管疾病、糖尿病、吸烟、饮酒、运动、摄盐情况等。

5）了解患者服药情况。

（3）分类干预。

1）对血压控制满意（一般高血压患者血压降至 140/90 mmHg 以下；年龄≥65 岁的老年高血压患者的血压降至 150/90 mmHg 以下，如果能耐受，可进一步降至 140/90 mmHg 以下；一般糖尿病或慢性肾脏病患者的血压目标可以在 140/90 mmHg 的基础上再适当降低）、无药物不良反应、无新发并发症或原有并发症无加重的患者，预约下一次随访时间。

2）对第一次出现血压控制不满意，或出现药物不良反应的患者，结合其服药依从性，必要时增加现用药物剂量、更换或增加不同种类的降压药物，2周内随访。

3) 对连续2次出现血压控制不满意或药物不良反应难以控制以及出现新的并发症或原有并发症加重的患者，建议其转诊到上级医院，2周内主动随访转诊情况。

4) 对所有患者进行有针对性的健康教育，与患者一起制订生活方式改进目标并在下一次随访时评估进展。告诉患者出现哪些异常时应立即就诊。

(4) 健康体检。对原发性高血压患者，每年进行1次较全面的健康检查，可与随访相结合。内容包括体温、脉搏、呼吸、血压、身高、体重、腰围、皮肤、浅表淋巴结、心脏、肺部、腹部等常规体格检查，并对口腔、视力、听力和运动功能等进行判断。具体内容参照《城乡居民健康档案管理服务规范》健康体检表。

2．2型糖尿病

(1) 筛查。对2型糖尿病高危人群进行有针对性的健康教育，建议其每年至少测量1次空腹血糖，并接受医务人员的健康指导。

(2) 随访评估。对确诊的2型糖尿病患者，每年提供4次免费空腹血糖检测，至少进行4次面对面随访。

1) 测量空腹血糖和血压并评估是否存在危急情况。例如：出现血糖≥16.7 mmol/L 或血糖≤3.9 mmol/L；收缩压≥180 mmHg 和/或舒张压≥110 mmHg；出现意识或行为改变、呼气有烂苹果样丙酮味、心悸、出汗、食欲减退、恶心、呕吐、多饮、多尿、腹痛、有深大呼吸、皮肤潮红；出现持续性心动过速（心率超过100次/分钟）；出现体温超过39 ℃或有其他的突发异常情况，如视力突然骤降、妊娠期及哺乳期血糖高于正常值等危险情况之一，或存在不能处理的其他疾病时，须在处理后紧急转诊。对于紧急转诊者，乡镇卫生院、村卫生室、社区卫生服务中心（站）应在 2 周内主动随访转诊情况。

2）若不需紧急转诊，询问上次随访到此次随访期间的症状。

3）测量体重，计算 BMI，检查足背动脉搏动。

4）询问患者疾病情况和生活方式，包括心脑血管疾病、吸烟、饮酒、运动、主食摄入情况等。

5）了解患者的服药情况。

（3）分类干预。

1）对血糖控制满意（空腹血糖值 < 7.0 mmol/L），无药物不良反应、无新发并发症或原有并发症无加重的患者，预约下一次随访时间。

2）对第一次出现空腹血糖控制不满意（空腹血糖值 ≥ 7.0 mmol/L）或药物不良反应的患者，结合其服药依从情况进行指导，必要时增加现有药物剂量、更换或增加不同种类的降糖药物，2 周内随访。

3）对连续 2 次出现空腹血糖控制不满意或药物不良反应难以控制以及出现新的并发症或原有并发症加重的患者，建议其转诊到上级医院，2 周内主动随访转诊情况。

4）对所有的患者进行针对性的健康教育，与患者一起制订生活方式改进目标并在下一次随访时评估进展。告诉患者出现哪些异常时应立即就诊。

（4）健康体检。除检测血糖外，其余项目同高血压健康体检项目。

（二）案例分析

1. 思政元素

慢性非传染性疾病简称"慢性病"，是一组起病时间长，缺乏明确的病因证据，一旦发病即病情迁延不愈的非传染性疾病的概括性总称，包括心脑血管疾病、糖尿病、恶性肿瘤和慢性呼吸系统疾病等。2019年，全球约有3320万人死于慢性病。其中，中等收入国家死亡人数超过2000万，以中国所在的西太平洋区域最为严重。近年来，随着社会经济发展和人们生活行为方式的改变，慢性病的患病率和死亡率在世界范围内持续上升，疾病负担日益加重。国务院在2009年7月10日启动了国家基本公共卫生服务项目，针对慢性病患者等重点人群提供免费的健康管理，服务内容包括筛查、随访评估、分类干预和健康体检。国家基本公共卫生服务项目的开展，为减轻慢性病的疾病负担和社会负担起到了非常重要的作用，有效助力了"健康中国"的建设。

2. 理论产出

慢性非传染性疾病是严重影响我国居民健康的重大公共卫生问题。其中，高血压和糖尿病两种疾病的筛查、随访及检测相对简单、经济和安全，可行性和可及性较高。良好的健康管理能显著改善疾病的预后和减少并发症的发生，干预效果好。

(三) 课堂讨论

(1) 什么是慢性非传染性疾病？该类疾病的患病现状如何？今后的发展趋势将会怎样？

慢性非传染性疾病简称"慢性病"，是一组起病时间长，缺乏明确的病因证据，一旦发病即病情迁延不愈的非传染性疾病的概括性总称，包括心脑血管疾病、糖尿病、恶性肿瘤和慢性呼吸系统疾病等。自20世纪中叶以来，全球范围内慢性非传染性疾病在疾病谱和死因谱中的位置逐年上升，其中，心脑血管疾病、糖尿病、恶性肿瘤等日趋占据主要位置。在我国，目前这些慢性病的死亡人数约占居民总死亡人数的88%，导致的疾病负担占疾病总负担的70%以上。随着工业化、城镇化、老龄化进程加快，我国慢性患者数还将持续上升，疾病负担将日益加重，是重大公共卫生问题。

（2）为什么国家基本公共卫生服务项目对慢性病的健康管理会选择高血压和2型糖尿病？

国家基本公共卫生服务项目对慢性病的健康管理选择高血压和2型糖尿病的原因是：①疾病负担重。高血压和糖尿病在我国慢性病疾病负担中位居前二，其患病率高、并发症多，是严重影响我国居民健康的重大公共卫生问题。②可干预性。高血压和糖尿病的影响因素众多，包括不健康的饮食、缺乏体育锻炼、肥胖、高盐摄入等。可针对这些因素采取相应的预防和控制措施，从而减少其患病风险。③干预效果好。疾病的筛检及随访相对简单、经济和安全，可行性和可及性较高。良好的健康管理能显著改善预后和减少患者的病情恶化和并发症的发生。

（3）慢性病管理的主要内容有哪些？请结合案例进行分析。

慢性病管理的主要内容包括疾病筛查、随访评估、分类干预和健康体检。

以高血压为例，《国家基本公共卫生服务规范》明确要求乡、镇及社区卫生服务机构为辖区内确诊为原发性高血压的35岁及以上常住居民每年提供4次面对面随访服务和1次较全面的健康检查。

1）疾病筛查：每年进行1次免费血压测量，并对血压异常者进行复查和转诊，2周内随访转诊结果，将确诊的原发性高血压患者纳入健康管理。对有高危因素的对象进行生活方式指导并建议每半年至少测量1次血压。

2）随访评估：随访时测量血压、体重、心率，询问患者疾病情况和生活方式，评估是否存在危急情况，如出现收缩压≥180 mmHg和/或舒张压≥110 mmHg；出现意识改变、剧烈头痛或头晕、恶心呕吐、视力模糊、眼痛、心悸、胸闷、喘憋不能平卧及处于妊娠期或哺乳期同时血压高于正常值等危急情况之一；存在不能处理的其他疾病时，须在处理后紧急转诊。对于紧急转诊者，应在2周内主动随访转诊情况。

3）分类干预：对血压控制满意、无药物不良反应、无新发并发症或原有并发症无加重的患者，预约下一次随访时间；对第一次出现血压控制不满意，或出现药物不良反应的患者，结合其服药依从性，必要时增加现用药物剂量、更换或增加不同种类的降压药物，2周内随访；对连续2次出现血压控制不满意或药物不良反应难以控制以及出现新的并发症或原有并发症加重的患者，建议其转诊到上级医院，2周内主动随访转诊情况；对所有患者进行有针对性的健康教育，与患者一起制订生活方式改进目标并在下一次随访时评估进展，告诉患者出现哪些异常时应立即就诊。

4）健康体检：内容包括体温、脉搏、呼吸、血压、身高、体重、腰围、皮肤、浅表淋巴结、心脏、肺部、腹部等常规体格检查，并对口腔、视力、听力和运动功能等进行判断。具体内容参照《城乡居民健康档案管理服务规范》健康体检表。

参考文献

［1］芭比. 全科医生的一天：门诊、电话、家访，一个都不能少［EB/OL］.（2019－04－01）［2022－05－10］. https://news. medlive. cn/all/info－news/show－156063_97. html.

［2］陈妙玲. 你的苦痛与我相关：一位全科医生的平行病历［M］. 桂林：广西师范大学出版社，2022.

［3］方积乾，冯泗华. 全国首届生存质量学术会议在广州召开［J］. 新医学，2000（7）：445－446.

［4］方积乾，郝元涛. 世界卫生组织生活质量量表中文版的信度与效度［J］. 中国心理卫生杂志，1999，13（4）：

203-205.

[5] 国家卫生健康委员会. 健康中国行动（2019—2030年）[EB/OL]. （2019-07-15）[2022-05-10]. http://www.gov.cn/xinwen/2019-07/15/content_5409694.htm.

[6] 郝元涛, 方积乾, POWER M J, 等. WHO生存质量评估简表的等价性评价[J]. 中国心理卫生杂志, 2006（2）: 71-75.

[7] 郝元涛, 方积乾, 李彩霞, 等. 世界卫生组织生命质量量表及其中文版[J]. 国外医学（社会医学分册）, 1999（3）: 118-122.

[8] 黎麟. WHO QOL-100的引进[EB/OL]. （2021-04-14）[2022-05-10]. https://www.cn-healthcare.com/article-wm/20210414/content-1209821.html.

[9] 李鲁. 社会医学[M]. 5版. 北京: 人民卫生出版社, 2017.

[10] 林岳卿, 方积乾. 世界卫生组织生存质量老年人量表简化版的研制[J]. 中国临床心理学杂志, 2011, 19（1）: 5.

[11] 刘欣. 给百姓实实在在的健康守护: 记全科医生杨玲的一天[J]. 中国医学人文, 2017, 3（12）: 27-31.

[12] 刘延令. 世界卫生组织生存质量（WHOQOL）测定量表中国版研究的筹备会议在京召开[J]. 中国卫生统计, 1996（3）: 5.

[13] 史明丽. 世界卫生组织生存质量量表（WHOQOL-100）广东版的制定与临床应用[D]. 广州: 中山医科大学, 1996.

[14] 云全. 三位普通基层全科医生的一天[EB/OL]. （2021-04-21）[2022-05-10]. http://www.shm.com.cn/zb/ytwb/paper/pc/attachment/202104/21/608424b2-9494-481b-92ce-

9af51aa5012e.pdf.

[15] 中共中央国务院. 中共中央国务院印发《"健康中国2030"规划纲要》[EB/OL]. (2016-10-05). [2022-05-10]. http://www.gov.cn/gongbao/content/2016/content_5133024.htm.

[16] 中华人民共和国中央人民政府. 卫生部关于印发《国家基本公共卫生服务规范（2011年版）》的通知 [R/OL]. (2011-04-25) [2022-05-10]. http://www.gov.cn/zwgk/2011-05-24/content_1870181.htm.

[17] 钟灵. 全科医师的一天 [J]. 家庭药师, 2014 (7): 28.

[18] CHARLES A, DAS P. 英国全科医生的一天 [J]. 中国卫生, 2016 (7): 28-30.

（王　欣　王　琼）

第三章 卫生经济学教学案例选编

第一节 课程思政教学设计

一、案例教学适用范围

本案例适用于"卫生管理学"本科生和研究生课程中，卫生经济学相关章节的教学。

二、课程教学目标

1. 知识目标

使学生掌握卫生服务市场失灵、卫生服务体系改革、医疗服务补偿与投入、卫生经济学分析与评价、疾病经济负担等卫生经济学基础知识。

2. 能力目标

通过本章学习，学生应掌握我国政府宏观调控对卫生服务市场失灵的调控作用、卫生服务体系改革的基本构成及相关改革目标、医疗服务补偿改革的机制、卫生经济学评价的过程和疾病经济负担计算方法；熟悉我国卫生服务市场失灵的原因和表现、卫生服务体系改革在深化医药卫生体制改革中的重要作用、医疗服务补偿与投入的历史改革状况；了解我国常见病的疾病经济负担、典型城市在卫生服务体系改革中的具体做法、医疗服务补偿与投入机制的国际经验；了解并尝试运用卫生经济学评价相关方法；了解我国医保支付方式改革的主要做法、改革存在的问题和挑战。

3. 价值目标

让学生了解社会主义市场经济体制决定了我国医疗卫生市场的独特性，通过分析政府在疫情防控中发挥的重要作用，引导学生正确认识中国特色社会主义制度的进步性和优越性。从我国基本国情出发，实事求是地总结卫生服务体系改革发展的实践经验，准确把握卫生服务体系发展规律和存在的主要矛盾。让学生理解卫生事业改革的必要性，作为卫生事业管理的研究者，应把人民的利益作为出发点和落脚点，把民生作为研究和工作的重心。

三、教学方法

在实际教学中，以各知识点为课程重点，采用讲授法与问题导向教学法，利用卫生经济学中常见的案例，启发学生结合实际进行学习和讨论，增强学生对经济生态、国家战略和社会责任的思考，培养学生的家国情怀。

第二节　课程思政案例及分析

一、卫生服务市场失灵

（一）案例内容

2019年12月，一场没有硝烟的战争——新冠疫情暴发。2020年1月23日，武汉市关闭离汉通道，标志着疫情防控全面升级。1月23日到2月12日，武汉市确诊人数从495人猛增至32994人。

防控初始阶段，因为核酸试剂盒供应不足，检测能力受限，同时确诊标准过高，大量疑似病患未能及时确诊。防控升级阶段，随着检测能力提升和确诊标准更加合理化，大量病患得到确诊。因此，一方面确诊人数在短期内激增，另一方面大量患者集中确诊收治，导致区域内卫生服务需求激增，医院规模和医生数量等卫生服务供给在短期内无法自发调节以满足需求，一度造成医疗资源挤兑、防护用品短缺等市场失灵现象。所谓医疗资源挤兑，指的是病患在短时期内大量集中前往医疗机构进行诊治而导致医疗资源紧张甚至崩溃的现象。在2020年新冠疫情危机的早期，医疗资源挤兑主要体现在两个方面：一方面，武汉市区疑似病患数量激增且集中到医院寻求治疗而导致医院几乎无法正常运转；另一方面，全国性的医疗资源被抢购，如民众恐慌性购买和囤积口罩、消毒品、板蓝根、维生素等医疗物品，导致医护人员无法获得必需的医学专用防护用品。

为了缓解医疗资源挤兑，弥补卫生服务供给与需求之间的巨大缺口，党中央、国务院以及湖北省委、省政府及时对医疗服务市场进行干预，新建火神山医院、雷神山医院集中收治重症患者和重症疑似患者，建立方舱医院收治轻症确诊患者，确保不同群体得到相应的诊疗和救治。同时，调配全国各地2万多名医护人员组成180多个医疗队支援湖北和武汉，极大地缓解了疫情初期医疗资源紧张的状况。

(二) 案例分析

1. 思政元素

对于我国来说，暴发于2019年12月的新冠疫情是一场摆在国人面前的"闭卷考试"，我国创造了举世瞩目的疫情防控效果。党的集中统一领导带来了中国力量、中国速度、中国规模、中国效率，使得我们在面对重大公共危机时能够在最短时间内举全国力量集中和调配卫生资源，保持社会医疗资源总供给和总需求的基本平衡。

2020年6月1日起施行的《中华人民共和国基本医疗卫生与健康促进法》，进一步明确了我国医疗卫生事业坚持公益性原则，医疗卫生事业作为社会公益事业，以人民健康为中心是其第一属性。公益性的本质特点，使得我国医疗卫生服务市场并非以西方经济学假设的谋求利润最大化为首要目标，而是以总体社会效益以及医疗资源分配的公平性为发展的首要原则。由于医疗卫生服务市场具有不确定性、信息不对称性和外部性等特点，其无法与其他市场一样，仅通过市场机制实现以社会福利最大化为目标的市场均衡。针对这种情况，我国政府以保证卫生服务公益性为前提，实施相关宏观调控措施。社会主义宏观调控是中国特色社会主义市场经济的重要保障，也是社会主义市场经济优势的重要体现。

2. 理论产出

卫生服务市场是指卫生服务产品按照商品交换的原则，由卫生服务生产者提供给卫生服务消费者的一种商品交换关系的总和。卫生服务市场是一个不完全竞争的市场，由于卫生服务市场存在医疗需求与供给的不确定、供需双方信息不对称、医疗服务市场的垄断和诱导需求、提供者不是追求利润最大化等特征，导致卫生服务完全依靠市场机制调节时，难以实现以社会福利最大化为目标的市场均衡，造成市场失灵现象。因此，卫生服务领域需要政府干预与市场机制相结合，共同完成医疗资源的合理配置，即市场机制起基础性调节作用，完成第一次配置任务；政府通过计划的手段在卫生产业的整体宏观调控、总量控制、结构调整和规模布局等方面发挥作用，以解决重大的资源配置与利益调整，完成第二次配置。

（三）课堂讨论

（1）思考市场机制在卫生服务资源调节中的缺陷，理解卫生服务市场失灵现象普遍存在的结论。

卫生服务市场的不完全竞争特征，决定了卫生服务完全依靠市场机制调节时，难以实现以社会福利最大化为目标的市场均衡，造成市场失灵现象。

（2）结合全球突发性公共卫生事件背景下，我国新冠疫情防控工作的实际案例，思考政府对卫生服务市场失灵的宏观调控功能。

政府在卫生服务市场中的作用表现为：在卫生领域发挥主导作用，规范卫生服务市场，提高卫生资源配置和使用的效率。政府对卫生服务市场失灵的干预手段主要包括：规范卫生服务市场，实现政府直接管制、直接提供或购买公共卫生服务，为基本卫生服务筹集资金，通过税收和补贴解决卫生服务公平问题。

二、山东省泰安市卫生服务体系改革的实践

(一) 案例内容

泰安市卫生服务体系的改革,围绕两方面进行:一是完善"四个体系",即公共卫生服务体系、农村卫生服务体系、社区卫生服务体系和中医药服务体系;二是提升"五项指标",即农民参合率达98%、社区卫生服务人口覆盖率达96%、公共卫生服务和监督执法覆盖率达100%、每千人口占有卫生资源及医疗各项指标均高于全省平均水平,中医药服务网络全覆盖。泰安市努力建立完善覆盖城乡居民的基本医疗卫生保障制度,走出了一条经济欠发达地区发展卫生事业的新路子。

泰安市卫生服务体系管理与改革的主要做法有三个方面。

1. 突出农村卫生改革

完善"小病不出村、常见病不离乡、大病不出县"的农村卫生服务体系。该市对农村卫生管理体制、运行机制和服务模式等进行了一系列改革,取得了显著成效。

(1) 改革农村卫生管理体制和运行机制。泰安市82所乡镇卫生院的人、财、物由县(市或区)级卫生行政管理部门管理,增强了宏观调控能力,理顺了工作关系。对村级医疗机构推行以"三制四统一"("三制",即卫生院对乡村医生实行聘任制、工资制和养老保险制;"四统一",即乡镇卫生院对村卫生室实行人事、财务、业务和药品统一管理)为主要内容的乡村卫生一体化管理,依法取缔了"野医""游医",净化了农村医疗市场。公开选聘乡镇卫生院院长、村卫生室负责人,医护人员实行全员聘任制和绩效工资制。

(2) 加强纵向联合,组建医疗集团。各县(市或区)都以

县级医院为龙头、乡镇卫生院为枢纽、村卫生室为网底组建了不同形式的医疗集团，创新县、乡、村三级医疗机构纵向合作机制，实行"通院、通科、通诊"联合，分级诊疗，双向转诊，方便了农民就医。

（3）加强乡村医疗机构改貌建设。泰安市抓住省"360工程""1127工程"和"提升村卫生室服务能力工程"的契机，通过上级扶持和自筹资金投资上亿元，对乡镇卫生院和村卫生室进行改造建设。全市82所乡镇卫生院的门诊和病房全部达到省里的要求，配备了较为先进的医疗设备，85%的村卫生室达到了规范化管理标准。

（4）实施"卫生强基工程"。2009年以来，泰安市启动了"卫生强基工程"，推动卫生人力和技术资源向基层流动，提高基层医疗技术水平，促进全市卫生系统固本强基。全市共有28家县级以上医疗机构与96家受援单位建立了帮扶关系。

2．突出城市卫生改革

不断完善"小病在社区、大病进医院"的新型城市卫生服务体系。为解决群众"看病难"的问题，泰安市实行分级诊疗、双向转诊，理顺就医流向，进一步明确大医院与社区卫生服务机构的功能定位。一方面，引导二级以上医院在建设优势学科群上下功夫，"树名医、强专科、建名院"，打造自己的品牌特色；另一方面，大力发展社区卫生服务，解决城镇居民的基本医疗问题。

（1）实施"名医、名科、名院"建设工程。①加强重点学科和特色专科建设。近年来，该市在加强医院基础设施建设、改善群众就医环境和条件的同时，不断加大科技投入，强化重点学科和特色专科建设，医疗科技水平不断提高。②深化市直医疗卫生机构内部改革，增强发展活力。建立和完善院长负责制、院长任期制、科室主任负责制、综合目标管理制以及经济核算制五项制度。实施干部人事制度、绩效工资制度和后勤服务制度的改革。③引导各级公立医院主动履行政府职责,广泛开展济困医疗服务。

(2)大力发展城市社区卫生服务。按照"合理布局、便民便利"的原则,泰安市健全了社区卫生服务网络,基本形成了以"社区卫生服务站—社区卫生服务中心—大医院"为架构的覆盖全市的社区卫生服务网络。

3. 突出公共卫生改革

不断完善反应灵敏、快捷高效的疾病预防控制与卫生应急体系和卫生监督执法体系。近年来,泰安市研究制定了《关于加强两个体系建设的意见》《突发公共卫生事件应急办法》等规范性文件,强化了公共卫生体系建设。

(1)公共卫生体系建设得到加强。按照分级负责原则,泰安市新建、扩建、改建了7个疾病预防控制中心、5个传染病医院和泰安市120指挥调度中心,在泰安市卫生局设立了卫生应急办公室。调整优化了355处公共卫生综合监测点的结构和布局,所有乡镇以上医疗机构建立起统一、高效、快速、准确的疫情网络报告系统,实现了市、县、乡三级医疗机构信息互通,传染病报告质量不断提高。加强了卫生应急队伍建设,备足卫生应急物资,加强卫生应急演练,卫生应急能力不断提高。

(2)深化卫生监督体制改革。在全面完成市、县两级卫生监督与疾病预防控制体制改革的基础上,泰安市开始开展力量下沉工作。在不增加人员编制和财政投入的情况下,创造性地在所有乡镇卫生院设立了卫生监督派出机构,在村卫生室设立了村级卫生监督网点,建立起以县级卫生监督机构为龙头、乡镇卫生监督机构为枢纽、村级卫生监督网点为前沿哨所,上下统一、全面覆盖、运转高效的农村基层卫生监督体系。

(二) 案例分析

1. 思政元素

建立健全卫生服务体系、促进卫生发展坚持公益性的导向，是由我国卫生事业的性质决定的。这是因为，我国深化医药卫生体制改革的指导思想明确指出，要坚持公共医疗卫生的公益性。所谓公共医疗卫生，是指政府利用公共资源举办的医疗卫生事业，具体是指公立医疗卫生机构提供的服务。坚持公共医疗卫生的公益性，就是要求政府举办医疗卫生事业一定要体现公众均等受益、社会效益第一的原则，在健全和完善医疗卫生服务体系的工作中牢牢坚持公益性这一基本导向，把维护人民群众利益和为经济建设服务放在第一位。《中共中央 国务院关于深化医药卫生体制改革的意见》指出，要建设覆盖城乡居民的公共卫生服务体系、医疗服务体系、医疗保障体系和药品供应保障体系，形成四位一体的基本医疗卫生制度，四大体系相辅相成、配套建设、协调发展。从我国基本国情出发，实事求是地总结卫生服务体系改革发展的实践经验，准确把握卫生服务体系发展规律和存在的主要矛盾。对比分析我国和世界各地的医改实践，特别是研究我国各项医改政策之后可以看出：世界上没有标准答案的医改方案，只有适合各国制度和政府执政目标的自身方案；我国医改的实质意义是"创立健康中国"，用"健康梦"撑起和助力实现习近平总书记提出的"中国梦"。

2. 理论产出

卫生服务体系是指提供医疗、预防、保健、康复、计划生育和健康教育等服务的组织和机构在提供卫生服务过程中所形成的相互关联的一个系统。一个国家卫生服务体系的建设和发展直接关系到人民的健康水平，关系到社会的稳定和经济的发展。我国的卫生服务体系可以从不同角度进行分类。根据我国的城乡二元社会结构,卫生服务体系分为城市卫生服务体系和农村卫生服务体系。城市卫生服务体系包括城市医疗服务机构、公共卫生服务机构、社区卫生服务中心、康复中心、门诊部(所)和私人诊所等;农村卫生服务体系包括县级医疗机构(含中医医疗机构)、乡镇卫生院、村卫生室和私人诊所等。按照所提供的业务内容、服务人口等的不同,卫生服务体系分为公共卫生服务体系和医疗卫生服务体系。公共卫生服务体系的建设旨在建立健全疾病预防控制、健康教育、妇幼保健、精神卫生、应急救治、采供血、卫生监督和计划生育等专业公共卫生服务网络,完善以基层医疗卫生服务网络为基础的卫生服务功能,建立分工明确、信息互通、资源共享、协调互动的公共卫生服务体系,促进城乡居民逐步享有均等化的基本公共卫生服务。医疗卫生服务体系的建设,旨在建立能满足广大人民群众对医疗服务多层次需求的由不同层次医疗机构形成的有机整体。推动医疗高地建设,形成临床重点专科群。创新医疗服务模式,组建由三级医院牵头,二级医院、基层医疗卫生机构、公共卫生机构等为成员的紧密型城市医疗集团。建立一个体系完整、分工明确、功能互补、连续协同、运行高效、富有韧性的整合型医疗卫生服务体系,增强医疗卫生服务公平性、可及性和优质服务供给能力,促进人民群众健康水平显著提升。

  城市卫生服务体系的改革要以积极发展社区卫生服务,逐步形成功能合理、方便群众的卫生服务网络为目标。基层卫生机构以社区、家庭为服务对象,开展疾病预防、常见病与多发病的诊治、医疗与伤残康复、健康教育、计划生育技术服务和妇女、儿童、老年人、残疾人保健等工作。农村卫生服务体系改革要以精简机构、增强医疗卫生服务功能、建设社会化农村卫生服务体系、推进乡镇卫生院改革、提高农村医务人员素质、发挥中医药优势与作用、促进农村药品供应网络建设、增加农村卫生投入、合理使用卫生经费为改革目标，进一步健全以县级医院为龙头、乡镇卫生院和村卫生室为基础的农村医疗卫生服务网络。

（三）课堂讨论

（1）卫生服务体系直接或间接关系到人群的生命健康。结合案例，分析泰安市卫生服务体系改革带来的启示。

首先，突出农村卫生改革，完善"小病不出村、常见病不离乡、大病不出县"的农村卫生服务体系；改革农村卫生管理体制和运行机制；加强纵向联合，组建医疗集团；加强乡村医疗机构改貌建设；实施"卫生强基工程"。

其次，实行城市卫生服务体系改革，不断完善"小病在社区、大病进医院"的新型城市卫生服务体系；实施"名医、名科、名院"建设工程；大力发展城市社区卫生服务。

最后，加强公共卫生改革，不断完善反应灵敏、快捷高效的疾病预防控制与卫生应急体系和卫生监督执法体系。

（2）结合理论知识和新医改的背景，试阐明公共卫生服务体系与医疗卫生服务体系建设的内涵，以及在新医改中如何把握两者之间的关系。

从功能定位上看，公共卫生服务体系与医疗卫生服务体系的目标都是促进居民健康，延长健康期望寿命。公共卫生建设是一项社会系统工程，需要医疗和预防两大系统密切结合、各部门协同、社区广泛参与。

从财政补助上看，公共卫生机构主要靠财政支持得以发展，公共卫生机构于"十二五"期间逐渐转为"全额拨款单位"。

在新医改中，更加提倡医疗机构在疾病预防控制工作中承担责任和发挥作用，推进医防协同、医防融合。

三、葛兰素史克（中国）商业贿赂案背后的"以药养医"

（一）案例内容

2013—2020年，我国慢性乙肝发病率从41.0/10万上升到64.4/10万，呈逐年上升趋势，患者以46～60岁老年人为主（占34.4%）。处方药物拉米夫定长期治疗慢性乙肝患者可持续抑制病毒复制，使丙氨酸氨基转移酶恢复正常，且安全耐受。

1. 葛兰素史克（中国）商业贿赂案

葛兰素史克（中国）行贿事件是2013年7月媒体报道的一个药品行业的行贿受贿事件。葛兰素史克公司旗下的药品在中国销量很大，同时，药品的价格在中国也极高，该公司利用贿赂手段谋求不正当的竞争环境，导致药品行业价格不断上涨，使大量患者蒙受损失。

2012年，李杰和庄辉等人受葛兰素史克公司基金资助开展问卷调查，发现约有39.62%（271/684）的医生会为慢性乙肝患者开具拉米夫定。2013年，我国慢性乙肝发病率约为41.0/10万，患者年龄以46～60岁为主。葛兰素史克生产的贺普丁（拉米夫定片）出厂价约为140元一盒，患者购买每盒需额外支付56元，去除企业划定的20%的利润后，购买每盒仍需要额外支付28元。患者额外花费的钱流向了哪里呢？

把虚高价格的药品卖出去是葛兰素史克（中国）公司的最大目标，行贿成为他们的主要手段。葛兰素史克（中国）公司纵容默许销售代表在全国范围内有组织、成规模地大肆行贿，同时，把更多的产品交由第三方如医药公司进行推广，以规避风险。2013年年初，警方发现上海临江国际旅行社有异常经营活动,由此展开调查,揭开了跨国公司在华的灰色利益链条。

2014年9月19日,长沙市中级人民法院对跨国公司葛兰素史克(中国)处以罚金人民币30亿元。法院经审理查明,葛兰素史克(中国)公司为扩大药品销量,谋取不正当利益,采取贿赂销售模式,以多种形式向全国多地医疗机构的从事医务工作的非国家工作人员行贿,数额巨大。这不但触犯了中国的法律,扰乱了市场秩序,而且损害了万千患者的经济利益。

东南大学的李建华教授团队以葛兰素史克(中国)商业贿赂案为例,对跨国商业贿赂行为的根源做出解释。他们认为,商业贿赂案发生的内部诱因是超额利润和灰色利益,葛兰素史克进入中国市场后,选择了以贿赂的方式面对竞争,抢占市场。

2. 我国的改革举措

刘丽杭在其专著《医疗服务价格规制理论与政策研究》中提到,公立医院取消药品加成后,通过增设药事服务费、调整部分技术服务收费标准、增加政府投入等措施来补偿医院的收入。例如北京市"医药分开"政策的主要内容是取消挂号费、诊疗费和药品销售加成,以医院药品加成、挂号费和诊疗费收入为基础,建立医事服务费制度。医事服务费将按医师职称级别确定,纳入医保报销范围,医保按人次定额支付。浙江省实行"医药分开"政策采取以下做法。浙江省"医药分开"政策试点工作在县级医院展开,医院对药品全部实行零差率销售、调整医院的医疗服务收费、调整增加的收费部分由医保基金和政府财政补偿,概括为"一减一调一补"。

史录文认为,建立公立医院补偿机制的重点在于调整医疗服务价格,提高医务人员的技术劳务价格,这样可体现医务人员的技术劳务的价值。"过去药品耗材占大头,其实医务人员的创新技术和服务能力才应该作为公立医院收入的主要来源。只有医生的收入和劳动付出相匹配,使他们的工作更体面、更有尊严,我们的医疗卫生事业才能健康发展。"也有学者认为,在上述三种补偿方式中,调整部分技术服务收费标准是最重要的方式,即变"以药养医"为"以服务养医"。他们认为,增设药事服务费未实现"医""药"彻底分家,经济利益链条未彻底截断。

取消药品加成后,患者的医疗费用是否会下降?不同的研究给出了不同的结果。闻庆柱等人发现,在山东,取消药品加成后,患者的医疗费用会有所降低。李静等人在对安徽某三甲医院2014—2018年的患者医疗费用的研究中发现,取消药品加成可降低患者自付费用以及患者单次诊疗费用,但材料费呈现上涨趋势。而有些研究却得到了相反的结果。例如,王文娟和杜晶晶通过实证分析发现,提升医疗服务价格比增加财政补贴对收入的提高效果更显著,但医院和医生收入增加会促使医疗费用进一步上涨。

对于上述问题,三明市给出了解决方案——改革分配制度和绩效管理。三明市在2012年2月自行在全市范围内推进公立医院改革,不仅在短短一年多的时间内将医保基金扭亏为盈,还创造了诸多全省乃至全国的"率先"举措,引起各界好评。三明市"医药分开"政策的主要措施包括三个方面:第一,在补偿机制方面,通过调整服务价格补偿医院。由于药品零差率销售减少的收入,服务价格的调整由医保、医院本身及财政补偿。第二,在分配制度方面,率先在全国推行医院院长年薪制和医师技师年薪制,切断医生业务收入与薪酬的关联。第三,在绩效管理方面,建立公立医院考核评价体系,考核结果与年薪发放挂钩。三明市在分配制度和绩效管理方面的改革,削弱了医疗服务收入对医生薪酬的影响,减少了诱导服务需求现象的发生。

为将"医""药"之间的联系彻底斩断,我国还开展了国家组织集中带量采购药品的工作,将药企与医院之间的合作协议交由第三方(通常是医保管理部门)代表医院与药企谈判。简单来说，就是医保管理部门在集中采购谈判时，会向药企承诺采购数量，便于药企安排生产以降低生产流通成本，从而推动药企降低药价。如此一来，既降低了药品价格，又分担了药企的市场风险，可以实现共赢。史录文表示，集采药品和谈判的方式，使患者不用再对"天价药"望而却步，同时也使我国的医保基金有了更加强有力的支撑。不过，把过去用来买设备、买耗材的钱直接用来提高医务人员收入不太现实，需要符合国家相关财务制度的规定，"这是一个复杂的过程，但这个方向是对的"。

综上所述，我国各地区的"医药分开"政策，主要从补偿机制入手，取消药品加成，增加医院补贴，切断业务收入与医生薪酬的关联，减少"大处方"、药价虚高的现象，提高医务人员的良性收入，减轻患者的疾病经济负担。

3. 国际经验

（1）日本传统的就医习惯与我国相似。传统的日本医生，身兼诊疗师与药剂师双职，医疗费用就是药费。日本早期出现的"以药养医"问题，与我国大致相似。1975—1984 年，在日本，药费占医药总费用的比例均在 30% 以上，1981 年升至最高点，达 38.7%。日本在 1974 年启动了医药分业改革，经过 30 多年的努力，基本破除"以药养医"机制。日本的改革经验（见表 3-1）值得借鉴。

表 3-1　日本破除"以药养医"机制的四个关键目标及其关键策略

序号	关键目标	关键策略
1	切断医生与药品之间的利益联系，让医疗服务提供者的激励机制与合理开药、改善患者健康这一政策目标相一致	推行"医药分业"政策，医生专职于诊断、治疗及开处方，药剂师则依据医生的处方调配药品，并提供用药咨询；医院和医生的收入与药品的数量、品种、价格等没有关联

续表 3-1

序号	关键目标	关键策略
2	由"以药养医"向"以技术与服务养医"转变，体现医疗服务和技术的价值	2 年 1 次动态降低药品市场销售价格（1990—2012 年共 12 次药品降价，每次环比降幅约为 6%），大幅度提高医疗服务和技术价格（1990—2000 年每次环比增幅约为 8%，2002—2012 年约为 3%）
3	控制医疗费用增长	按照"控总量、优结构"的思路，分阶段调整、优化、评价各项措施，核心的措施包括改革药品定价方式（管制市场零售价格）和药品市场竞争的采购模式
4	保障患者用药安全	医疗服务提供方注重临床路径、技术规范等，注重患者的宣传教育

资料来源：顾亚明《日本破除"以药养医"机制的借鉴：交易成本的视角》，载《卫生经济研究》2014 年第 2 期，第 19—28 页。

日本的改革出现两个降低：①住院医药费用中药费占比从 1975 年的 20.6% 降到 2010 年的 8.7%；②医院药品购销差价从 1991 年的 23.1% 降到 2009 年的 8.4%，药品流通环节的利润空间降到合理水平。

（2）韩国实施的"医药分业"改革为强制性改革。政府明令所有医院的门诊药房必须关闭，并且禁止为门诊服务雇用任何药师，社会药房的药师也禁止向没有处方的患者提供药品。如此强制性的措施导致医生多次罢工，最终以政府三次提高医生的服务收入水平才得以平息。

（3）美国的联邦医疗保险（Medicare）对部分药品的支付政策主要采用外包（即利用商业保险计划来提供药品福利）。药品保险公司通常依靠药房或治疗委员会的医生和药师来确定药品目录，对每种药品制订费用共担比例和探索有效的用药管理工具。

同时，美国的药房处于高度竞争市场，连锁药店规模庞大，且与保险公司信息系统联网，以方便药师查阅患者的信息且可以完成实时结算。

（4）英国的诊所和医院门诊都不设药房，患者需凭医生处方到独立的药店买药。国家负担部分的药品支出，由国家卫生服务体系（national health service，NHS）与药店进行结算。在药品费用控制方面，NHS通过对制药商、批发商和药店之间的交易价格进行季度调查，根据平均销售价格确定目录药品实际报销价格。

（5）在瑞典，患者住院用药由政府支付，门诊处方药由患者和社会医疗保险支付、非处方药由患者支付。药品福利委员会决定药品是否具有国家报销资格和报销价格，主要依据为药品的成本－效益评估。同时，瑞典还实施强制性的仿制药替代政策，强制药房使用最低价格的仿制药（除非医师在处方上标明不允许替代），患者若拒绝使用仿制药，则需支付两者之间的差价。

田文华等人比较分析了欧美和日韩的"医药分业"模式与我国北京、浙江、三明的"医药分开"政策的主要举措，认为美国、英国和瑞典等国家具有成熟的"医药分业"体系，医生的处方权和药师的调配权完全分离，而我国的"医药分开"政策需要加强对社会药房和药师队伍的建设。

综上所述，我国的"医药分开"改革，可借鉴日本经验和发达国家的模式，但仍需考虑我国国情，有选择、有重点地学习和应用。

（二）案例分析

从患者用药的角度入手，引出涉及葛兰素史克（中国）商业贿赂案的灰色利益链条。这是卫生体系"以药养医"的必然结果。医疗服务劳务收费价格较低，医院依靠药品加成和追求高新医疗技术收入来谋求高收入,存在"以药养医"和"以检查养医"的问题,造成了医疗费用不合理上涨。我国的医务人员收入与医院医疗服务收入直接相关联,在医务人员追求个人收入最大化的同时,不可避免地引起医疗费用的过快增长。只有医生的收入和劳动付出相匹配,使他们的工作更体面、更有尊严,医疗卫生事业才能健康发展。

通过对案例背景信息的介绍,让学生了解卫生事业发展过程中存在的问题,理解卫生事业改革的必要性和我国卫生事业改革的方向。卫生事业的研究者应以人民的利益为出发点和落脚点,以民生为导向,培养天下为公的家国情怀。

(三) 课堂讨论

(1) 国际医疗服务补偿和投入的方式有哪几种?

国际医疗服务补偿和投入的方式有政府财政投入、医疗服务收费资金(来自医保基金、患者)、社会捐赠(如东南亚、非洲及东欧)等。

(2) 葛兰素史克(中国)商业贿赂案发生的原因是什么?

该案件发生的原因是内在利益驱动各方主体参与到灰色收入利益链中,外在监管体制的不完善给了药品采购、出售很强的可操作性。

(3) 为解决"药价虚高""乱开药"的问题,仅提高医院的财政补贴收入会出现什么问题?

提高财政投入属于"开源",截断药物灰色收入利益链属于"节流",提高财政投入无法完全补偿医院收入的减少。

(4) 国家组织集中带量采购和医保谈判有什么关联?

国家组织集中带量采购和医保谈判都是为了越过公立医院直接与药企谈判,让企业"以价换量",降低药品价格,降低患者的经济压力。国家组织药品集中带量采购政策主要是对竞争充分的且通过一致性评价药品超过三家的，采取以量换价的策略，降低药品价格。国家医保谈判药品政策主要是针对重大疾病患者、罕见病患者所需药品难以买到、难以报销的问题，采取谈判的方式使所需药品得以降价并被纳入医保，重点是将临床价值高、价格合理、能够满足基本医疗需求的药品纳入目录。

（5）医保谈判对药企、医院、患者和医保基金带来了哪些影响？请结合实际案例，任选一个角度分析。

医保谈判是指国家医保局的专家与药企就某一药物能否进入国家医保目录进行的谈判，谈判过程中双方协商药物价格，确定该药物进入医保目录的支付标准，从而使药物价格降低，降低患者的经济压力。医保谈判对药企提供了"价"或"量"的选择；医院对进入目录的药物配备率升高，或者有可能自行采购其他品牌药物；医保谈判使重大疾病和罕见病患者的疾病经济负担降低；医保谈判降低了药物的价格，节省了医保基金的开支。

四、中老年人强化高血压控制目标的经济学效果分析

（一）案例内容

以一定的血压标准控制血压是高血压管理的主要手段。通过良好的血压控制，可以防止高血压患者发生不良事件以获得良好的健康寿命，尤其是针对高血压的高风险群体——中老年人而言。然而，不同地区和不同健康部门确定的高血压控制目标存在较大差异性。比如，美国医学会指南以收缩压低于 150 mmHg 为控制目标、中国指南以收缩压低于 140 mmHg 为控制目标、欧洲指南以收缩压处于130～139 mmHg 之间为控制目标，以及美国心脏病协会以收缩压低于 130 mmHg 为控制目标等。

2015年，《新英格兰医学杂志》(New England Journal of Medicine)发表了论文"A Randomized Trial of Intensive Versus Standard Blood-Pressure Control"（简称"SPRINT研究"）。SPRINT研究纳入了9361名50岁以上心血管事件发生的高危患者，试验组以收缩压低于120 mmHg为控制目标（强化策略组），对照组以收缩压低于140 mmHg为控制目标（标准策略组），比较两个血压控制策略的临床获益情况，包括主要的不良心血管结局（包括急性冠脉综合征及心肌梗死、卒中、急性心衰、心血管事件死亡等）发生情况和血压干预相关的严重不良事件（包括低血压、昏迷、心律失常、急性肾衰等）发生情况。经过近5年的干预和随访后，试验结果显示虽然强化策略的血压控制有利于降低不良心血管结局的发生率（如图3-1所示），但同时更苛刻的血压控制目标却导致了血压干预相关的严重不良事件发生率的上升（见表3-2）。

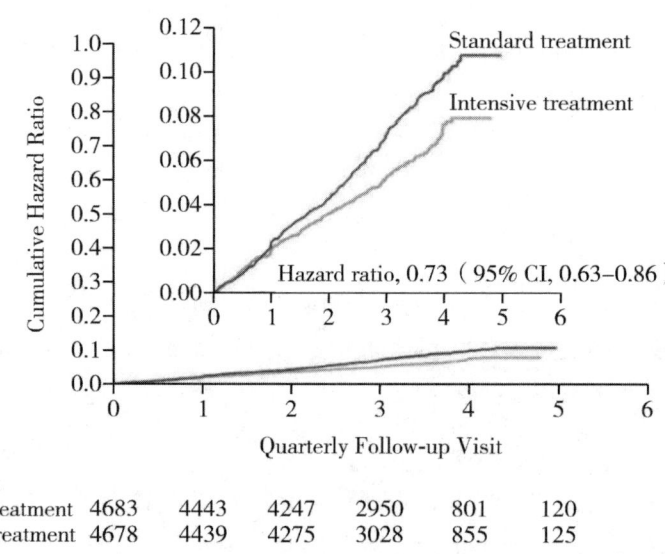

图3-1　SPRINT研究不同血压控制策略下主要不良心血管结局累积发生率

[资料来源：The SPRINT Research Group. "A Randomized Trial of Intensive Versus Standard Blood-Pressure Control," *New England Journal of Medicine*, 2015, 373 (22), pp. 2103-2116]

表3-2 SPRINT 研究不同血压控制策略血压干预相关严重不良事件累积发生率

Events	Intensive treatment (n=4678) N(%)	Standard treatment (n=4683) N(%)	HR (95%CI)	P
Serious adverse event	1799 (38.5)	1742 (37.2)	1.04 (0.97~1.11)	0.23
Hypotension	99 (2.1)	58 (1.2)	1.71 (1.24~2.38)	0.001
Syncope	97 (2.1)	73 (1.6)	1.33 (0.98~1.81)	0.07
Bradycardia	78 (1.7)	68 (1.5)	1.15 (1.03~0.72)	0.41
Electrolyte abnormality	138 (2.9)	104 (2.2)	1.33 (1.03~1.72)	0.03
Injurious fall	102 (2.2)	1.1 (2.2)	1.01 (0.76~1.33)	0.97
Acute kidney injury	193 (4.1)	115 (2.5)	1.69 (1.34~2.13)	<0.001

资料来源：The SPRINT Research Group. "A Randomized Trial of Intensive Versus Standard Blood-Pressure Control," *New England Journal of Medicine*, 2015, 373 (22), pp. 2103-2116。

如何取舍不同血压控制策略带来的健康获利和风险面？该研究能否作为开展相关临床实践、修订相关临床指南的重要证据？这需要通过其他方法对该项研究的结果进行评价，其中经济学评价就是最重要的方法之一。

（二）案例分析

2017年，在《新英格兰医学杂志》（*New England Journal of Medicine*）发表的论文"Cost-Effectiveness of Intensive Versus Standard Blood-Pressure Control"对SPRINT研究做了较为详尽的经济学评价。该研究以SPRINT研究涉及的内容为基础，构建了

一个以马尔可夫模型模拟接受不同血压控制策略的患者自50岁至100岁的心血管相关健康状态的转变情况（如图3-2所示）。

在马尔可夫模型中，两个状态的时间间隔为6个月，每6个月患者都有概率发生心血管事件、血压干预相关的严重副作用、其他非心血管因素导致的死亡等风险。根据SPRINT研究结果可知，在强化策略及标准策略下，上述风险发生概率有一定的差异。依据SPRINT研究的原始参数以及公开研究中的数据，分别把不同事件发生概率、发生后产生的医疗服务费用、事件带来的健康效用损失等参数放入马尔可夫模型，对不同血压控制策略的经济效益进行模拟，并对强化策略实施时间进行情景分析。对于SPRINT研究方案在实施5年后，强化策略是否继续实施的问题，提出4个情景的假设：Basecase假设强化血压控制5年后患者逐渐脱离强化策略；Worst case假设5年后全部患者立即脱离强化策略；15-year best case假设强化血压控制持续至15年后全部患者立即脱离强化策略；Lifetime best case假设患者在寿命期间始终保持强化策略。

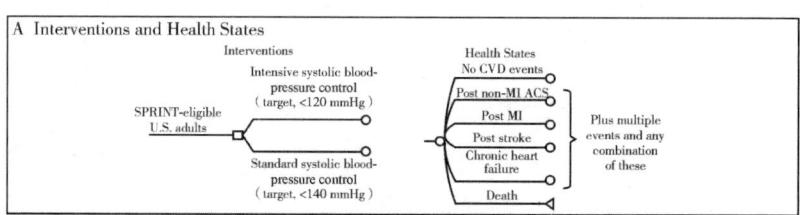

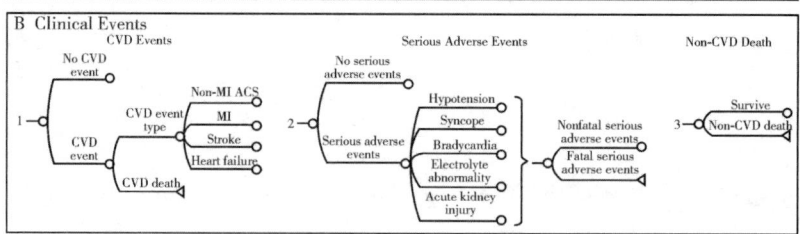

图3-2 不同血压控制策略下心血管相关健康状态情况的马尔可夫模型

[资料来源：Adam P B, Brandon K B, Jordan B K, et al. "Cost-Effectiveness of Intensive Versus Standard Blood-Pressure Control," *New England Journal of Medicine*, 2017, 377 (8), pp. 745-755]

结果显示，在 Basecase 假设下强化策略比标准策略多获得 0.27 个质量调整生命年（quality adjusted life year，QALY），但同时将多产生 12796 美元的额外费用，即强化策略相对标准策略的增量成本效果比（incremental cost effectiveness ratio，ICER）为 46546 美元，即患者是否接受强化策略下获得的额外 QALY，首先需要考虑是否接受用 46546 美元来换取额外的每单位 QALY 这样的条件。4 种情景下的经济学评价结果见表 3-3。

对于不同 QALY 的支付意愿阈值（willing to pay threshold，WTP）下，蒙特卡罗（Monte Carlo）模拟显示在不同情景下不同的成本-效果符合概率，可以明显地发现，强化策略持续的时间越长，患者的 QALY 获益越多、ICER 越低、成本-效果符合概率越高（见表 3-3，如图 3-3 所示）。

表 3-3 4 种情境下强化策略对比标准策略的经济学效果

Scenario	Total cost difference * (95% UI)#	QALYs Difference * (95% UI)	ICER	Probability of Cost-Effectiveness /%		
				$ 50K per QALY	$ 100K per QALY	$ 150K per QALY
Base case	12796 (-872 to 26,551)	0.27 (-0.06 to 0.64)	46546	54	79	86
Worst case	12436 (-2184 to 26,551)	0.25 (-0.11 to 0.61)	49851	51	76	84
15-year best case	11998 (-862 to 25365)	0.33 (0.01 to 0.71)	36352	66	88	94
Lifetime best case	22763 (-5386 to 29232)	0.43 (0.04 to 0.84)	27617	79	93	96

*Between Intensive Control and Standard Control. #Measure in US Dollar. 95% UI:

95% uncertainty intervals.

资料来源：Adam P B, Brandon K B, Jordan B K, et al. "Cost – Effectiveness of Intensive Versus Standard Blood – Pressure Control," *New England Journal of Medicine*, 2017, 377 (8), pp. 745 – 755。

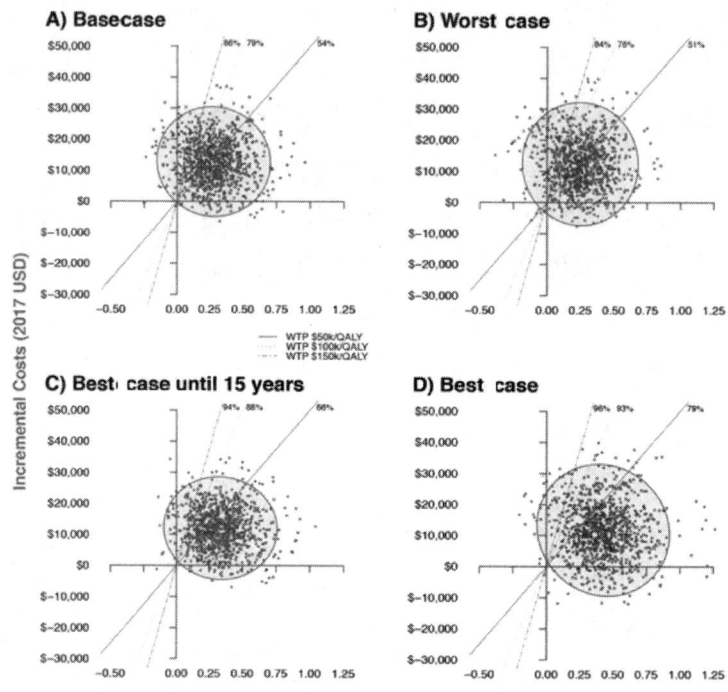

图 3 – 3　不同 WTP 及情景下强化策略对比标准策略的成本 – 效果符合概率

［资料来源：Adam P B, Brandon K B, Jordan B K, et al. "Cost – Effectiveness of Intensive Versus Standard Blood – Pressure Control," *New England Journal of Medicine*, 2017, 377 (8), pp. 745 – 755］

（三）课堂讨论

（1）卫生经济学评价方法包括哪些？请简述这些方法有何不同？上述研究属于哪种方法？

卫生经济学评价方法主要包括成本-效果分析（cost effectiveness analysis，CEA）、成本效益分析（cost benefit analysis，CBA）、成本效用分析（cost utility analysis，CUA）等方法。

1）CEA 的评价指标为成本-效果比（cost effectiveness rate，CER）和增量成本效果比（incremental cost-effectivecess ratio，ICER，$\Delta C/\Delta E$）。ICER 的含义是实现增量健康效果的增量成本和增量健康效果的比值。多采用 ICER 作为单一的衡量标准应用于药物经济学评价，通过计算不同方案之间成本差异和有效产出差异的比率，提供了一个框架来比较两个或多个干预方案。

2）CBA 的评价指标为效益-成本比（benefit cost rate，BCR），分子为处理后的货币收益，分母为处理后的货币投资。由于时间会对成本和效益的货币价值产生较大影响，BCR 的计算要考虑干预方案进行的时间条件（即贴现）。对于单一方案而言，如果 BCR 不小于1，说明所评价的方案具有经济学价值，可以采用，反之则不具有经济学价值；评价多个干预方案时，需要考虑方案之间的关系。CBA 的宗旨是采用货币来衡量增量成本和效益，从而直接计算实现健康结果的净货币成本。该方法可用于单一干预方案、一种疾病的不同干预方案，以及不同疾病干预方案的药物经济学评价。

3）CUA 是从特定角度来对治疗方案的成本与健康效果进行比较，常用的评价指标为成本-效用比（cost utility rate，CUR）和增量成本效用比（incremental cost utiliy ratio，ICUR，$\Delta C/\Delta U$）。CUA 主要用健康结果来表达金钱的价值，常采用 QALYs 作为健康效用指标。可以将 CUA 看作是 CEA 方法的一种特殊情况，ICUR 的分子是增量成本，分母使用增量 QALYs 来计量。CUA 将增加的生存时间和提高的生存质量纳入衡量标准，应用 ICUR 结果将如药物治疗、手术治疗、放射治疗等不同方式的类似比率进行评估，因此 CUA 提供了一个更广泛的背景来评价某种治疗方案的价值。

上述SPRINT经济学分析案例主要评价指标为不同方案间的ICER，因而其评价方法属于CEA。

（2）在上述案例中，除了与患者实施方案直接相关的费用外（包括患者的用药费用、心血管相关就诊治疗费用、基础医疗利用花费等），还应该考虑哪些经济支出情况？

上述案例仅考虑了医疗需求方（患者）的相关费用，实际的政策执行上还需要考虑医疗供给方（医疗系统、医护人员）的投入。比如，为确保强化策略下较苛刻的血压目标的持续，是否增加了医护人员的随访检测工作量和相关人力支出？强化策略下减少了心血管事件的发生，是否减少了相关专科医护人员的诊治工作量和相关支出？政府或保险机构为配合强化策略的实施，是否增加了当期的医保财政和保费支出？政府或医疗机构为推行强化策略的实施，是否需要增加健康宣传教育支出、配套鼓励性的健康行动等额外投资支出？等等。总的来说，除了需求方，还需要考虑供给方、支付方等因人力资源、设备、工作制度模式变更等多方面因素带来的经济支出变化，才能更接近地衡量实际的经济学效果。

（3）上述研究是基于美国人群进行的，这样的血压控制策略是否适用于我国人群？假设要在国内开展这样的血压控制干预策略研究，你认为将存在什么样的困难？

首先，国内对强化策略干预的接受度可能较低，副作用发生率较高可能导致患者无法坚持强化策略。其次，国内医护人员工作负担较重，难以主动为确保血压控制目标的持续实现而增加随访等工作量。再次，以收缩压低于120 mmHg为控制目标无形中可能会在临床实践中改变高血压的诊断，可能会"增加"一大批高血压患者并发生医疗资源挤兑等风险。最后，由于强化策略带来的副作用可能不被患者接受，再加上国内患者健康教育接受情况有待提高，尤其是在偏远及欠发达等地区，继而可能出现医患关系紧张等情况的发生。

五、痴呆症在中国：潜在的巨额实际经济负担

（一）案例内容

痴呆症是老年人高发的疾病之一。据统计，我国60岁以上人群的痴呆患病率为5.0%～7.7%，预计2030年国内将有1600万名痴呆症患者。痴呆症患者因无法自愈而需要长期服用药物及诊治，患者和社会需要承受长期的医疗费用支出。并且，患者由于记忆、行动能力等的退化，严重影响日常生活，通常需要长期的照料和护理，包括医护或专业护理人员提供的照料，同时更多的是亲友提供的日常照料。这些照料，给患者家庭带来了高昂的护理费用和人力成本支出。

2013年，发表在 British Journal of Psychiatry 的文章"Determinants for Undetected Dementia and Late-Life Depression"显示，我国痴呆症的发现（被诊断）率仅为6.9%。在目前的低发现率下，我国痴呆症的经济负担及其构成情况如何？

（二）案例分析

2022年，在 PLoS One 发表的文章"Projections of the Economic Burden of Care for Individuals with Dementia in Mainland China from 2010 to 2050"对我国痴呆症造成的经济负担进行了预测。该研究基于在国内进行的一项痴呆症的流行病学调查得到的患病率和诊断率情况，同时摘取在国内公开发表的研究中的痴呆症相关的医疗负担数据，包括直接经济负担数据（分为诊疗直接相关的直接医疗费用和由专业医疗照料与护理费用、诊疗交通费、购买使用

特殊医疗仪器的费用等构成的直接非医疗费用）和间接经济负担数据（主要由非专业医疗照料与护理费用构成）。

该文表示，经测算发现，在考虑目前的诊断率情况下，2010年我国痴呆症患者的人均经济负担为3044.0美元，但假设患者获得充分诊断的条件下，患者人均经济负担将高达14982.2美元，其中55%以上为间接经济负担中的非专业医疗照料与护理费用（采用机会成本法测算）；在考虑低诊断率的情况下，2010年我国痴呆症患者的经济负担达到228亿美元，占当年国内GDP的0.49%，且预期到2050年该负担将达到3723亿美元水平，其中83%的经济负担为非专业医疗照料与护理费用（见表3-4，如图3-4所示）。

表3-4 2010年国内痴呆症患者人均费用情况

Cost	Annual cost per patient based on whether patients have been diagnosed (US $)	Annual cost per patient without consideration as to whether patients have been diagnosed (US $)
Direct medical cost	261.6	3330.4
Direct non-medical cost	248.1	3263.0
Formal caregiver	205.2	2716.8
Transportation	32.1	408.7
Special equipment	10.8	137.5
Indirect cost		
Informal caregiver	2534.4	8388.9
Total	3044.0	14982.2

NOTE：All the estimated costs were converted to United States Dollar (US $) values in 2017, when one US $ was equivalent to 6.97 Chinese Yuan.

资料来源：Huang Y, Li X, Liu Z, et al. "Projections of the Economic Burden of Care for Individuals with Dementia in Mainland China from 2010 to 2050," *PLoS One*, 2022, 17 (2), pp. e0263077。

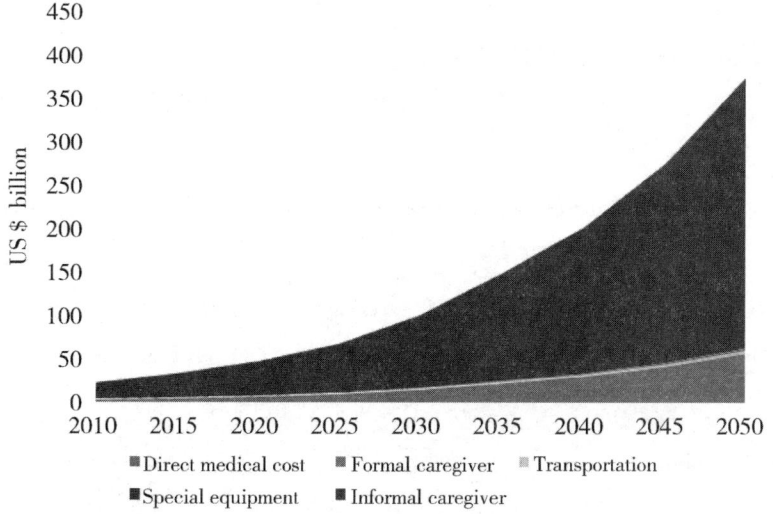

图3-4 国内痴呆症患者经济负担及其构成情况预测（2010—2050年）

［资料来源：Huang Y, Li X, Liu Z, et al. "Projections of the Economic Burden of Care for Individuals with Dementia in Mainland China from 2010 to 2050," *PLoS One*, 2022, 17（2）, pp. e0263077］

（三）课堂讨论

（1）疾病经济负担研究中主要包括哪些内容，分别测算哪些方面的经济负担？上述研究测算了哪些经济负担？

疾病经济负担主要可分为直接经济负担、间接经济负担、无形经济负担三类。

1）直接经济负担（direct economic burden），是指直接用于预防和治疗疾病的费用，包括个人、家庭和社会用于疾病和伤害预防、诊治及康复过程中直接花费的各种费用。其可分为直接医疗经济负担和直接非医疗经济负担。直接医疗经济负担是指在医药保健部门购买卫生服务所消耗的经济资源，主要包括门诊费、住院费、药费以及其他防治疾病的费用。直接非医疗经济负担是指在非卫生保健部门所消耗的经济资源，或在治疗疾病过程中支持性活动的费用，包括与疾病有关的营养费、交通费、住宿费、膳食费、陪护费等。测算方法通常可直接对上述所产生的费用相加进行衡量。

2）间接经济负担（indirect economic burden），是指由于发病、伤残和过早死亡给患者本人和社会所带来的经济损失。比如，因疾病原因所损失的劳动工作时间、工作能力和效率降低而造成的损失、患者的陪护人员损失的劳动工作时间等。测算方法包括人力资本法（工作或市场劳动力价值测算、人均国民收入或人均净产值、人均国民生产总值测算）、支付意愿法（显示偏好法、表达偏好法）、磨合成本法（组织恢复生产的成本）等。

3）无形经济负担（intangible economic burden），是指患者及其亲友因疾病和伤害给家庭和本人造成的痛苦、悲哀与不便所带来的生活质量的下降，从而带来的其他成本花费。测算方法包括支付意愿法、QALYs 测量法、DALY 测量法。

上述案例讨论的经济负担，涉及直接经济负担和间接经济负担的测算。

（2）在我国人口老龄化加速及低出生率的背景下，上述案例得出的结果对我国医疗保健系统有何启示？

人口老龄化加速将导致痴呆症患者数量持续增长。在痴呆症诊断率预期上升的情况下，未来具有痴呆症治疗和照料需求的群体将不断增大。因此，可以预期，未来痴呆症相关的卫生筹资存在较大的压力。另外，上述案例指出痴呆症的经济负担中非专业医疗照料与护理是患者疾病经济负担的主要构成项。在人口老龄化与低出生率条件下，我国劳动力人口将承受较大的压力（假设退休年龄标准不变的情况下）。因此，预期痴呆症患者的亲友将承受劳动损失造成的间接经济负担及赡养义务（若有）下疾病相关花费等的双重经济压力。因此，除做好痴呆症的预防工作外，我国医疗保健体系应考虑开发和实行提高痴呆症患者接受专业医疗照料与护理比例的相关政策，比如，长期护理体系的建设（如培养专业家庭护理人员，鼓励社会化长期护理服务产业发展，支付方推行长期护理险，等等）。

六、江苏省镇江市医保支付方式改革的实践

（一）案例内容

作为"两江试点"城市之一，江苏省镇江市医保制度改革发展的26年，也是医保支付方式不断改革探索、丰富完善的26年。从简单的"控费"到建立积极合理的"付费"机制，镇江市始终结合实际，走出了一条多元复合的医保付费之路。"十三五"时期，镇江致力于探索基于质量和价值购买的医保支付方式，着力推进"以总额预算为基础，以病组分值为重点，以就诊人头为核心，融合单元、床日、人头等多种付费形式"的多元复合式点数付费办法。镇江市通过不断完善付费机制，既对医疗机构的费用给予了合理有效的基金支付，也积极引导医疗机构合理治疗、合理检查、合理用药，促进医疗机构由规模扩张向注重效益与质量的转变，在一定程度上遏制了医疗费用过快增长势头。

1. 医保支付方式改革的主要做法

镇江市医保支付方式改革的主要做法包括四个方面。

（1）建立分级分类的预算管理制度。健全完善总额预算管理办法，实行医保分级分类预算管理，提升预算管理的精细化、精准化水平。主要形成三级预算：一级为总额预算，市政府每年编制全市医保基金收、支、余的总额预算计划，年末进行决算；二级为分类预算，在一级预算的基础上，实行分类别预算管理，

对药品、检查等医疗服务项目和费用类别进行细化分类预算，加强管理控制，提高预算管理的精度；三级为机构预算，对各定点医药机构预算安排系列预算指标或监测指标，加强监测、管理与控制。

（2）推进"按病种点数付费"。着力扩大病种付费范围，全面推进"按病种点数付费"。将病种付费不纳入各医疗机构总额预算指标范围，实行按区域预算，根据医疗机构实际发生的病例总点数，计算点值，进行费用结算。2019年，镇江市按病种点数付费的病种数达203种，截至2020年9月已达到227种，市区二级及以上医院按病种病例付费基金占住院费用基金已达32%以上；2020年，三个辖市医保按病种点数付费的病种数均达200种以上。

（3）实施多元复合式医保付费。①对病种付费外的其他住院费用，实行按床日和住院次均费用标准付费。对精神病、传染病、康复等住院时间较长的病例，以及基层医疗机构住院费用，均实行按床日付费；对其他住院费用，实行按次均费用标准付费。②对门诊费用实行按人头付费为主的付费方式。③对一些门诊部、诊所、医务所（室）、部分一级医疗机构和定点零售药店，实行"总额控制、超支不补、结余留用"的支付方式。

（4）以就诊人头为核心，加强工作量管理。长期以来，医保支付方式主要重视费用的管理与控制，无论是单元付费还是病种付费，均是对费用维度进行管理，缺乏对费用和工作量两个维度的综合管理。镇江市以就诊人头为核心，加强工作量的管理与控制，设立就诊人头、人头人次比等工作量评价指标，将医保付费的重心由"重控费"向"管人头"转变。经过几年来持续不断地推进系列改革与稳步完善，镇江市彻底扭转了2011—2015年连续5年的2.35亿元统筹赤字，实现由亏损变结余。截至2020年上半年，全市职工医保统筹基金累计结余23.98亿元，居民医保统筹基金累计结余 10.54 亿元。

镇江市的改革实践说明，医保支付方式是杠杆和指挥棒，始终撬动和引导着"三医"走向协同联动的方向。然而，医保支付方式必须结合本地实际才更管用。医保付费上的"组合拳胜过三板斧"，多元化、差别化、复合式的方式才更高效。医保支付管理大数据体现高价值，加强大数据的分析与应用，建立起精算、评估、监测机制，医保付费才会更趋科学、合理。

2. 医保支付方式改革面临的挑战和问题

对照新时代医保支付改革的形势和任务，镇江市的医保支付方式改革还面临着许多挑战和问题。

（1）由于"三医"改革仍存在不平衡性，医保支付方式作为一项战略购买手段，发挥的引导和撬动作用还相对有限。特别是镇江市医疗资源配置存在结构性不平衡的问题，市区的医疗资源配置过剩，公立医院改革也有待进一步深化，医联体建设、分级诊疗等改革尚未显现明显成效，医疗费用不合理增长问题尚未得到根本改观。

（2）当前镇江市医保支付方式改革对医疗服务质量、效率和费用合理性缺乏成熟、有效的评测机制；医保付费标准的动态调整核算手段和方法滞后，不能科学、合理地反映医疗价格、成本水平和医疗费用的实际；医保支付标准与医药价格形成和招采的联动机制未能形成；工作量管控还存在薄弱环节，指标体系缺乏系统性和科学性，工作量虚高问题普遍存在；医疗服务质量有待提升，群众满意度不高。

（3）目前，医保监测指标体系不够完善，指标监测与结算考评、智能审核、智能监管尚未有机融合，甚至存在经办机构医保监管、绩效考核与费用结算、年度清算决算"两张皮"的现象。

（4）大数据在医保支付中的应用较为缺乏，基于新时代医保改革发展新形势、新要求的医保信息化管理运行体制机制还未建立，信息化平台建设滞后；医疗、医保、医药"三医"数据未能实现全面共享、共用，一些医药数据的真实性还不能完全掌握。

(二) 案例分析

1. 思政元素

党的十九大做出"实施健康中国战略"的重大决策部署，将维护人民健康提升到国家战略的高度。习近平总书记强调，要继续加大医保改革力度，深化医保基金监管制度改革，守好人民群众的"保命钱""救命钱"。2021年9月23日，国务院办公厅印发的《"十四五"全民医疗保障规划》提出，要"发挥医保基金战略性购买作用，坚持医疗保障需求侧管理和医药服务供给侧改革并重，加快建设覆盖全民、统筹城乡、公平统一、可持续的多层次医疗保障体系，努力为人民群众提供全方位全周期的医疗保障优化医疗保障"，"促进医疗保障与医疗服务体系良性互动，使人民群众享有高质量、有效率、能负担的医药服务和更加优质便捷的医疗保障"。在充分发挥医疗保障基础性作用的前提下，利用强大的医保购买力，发挥医疗保障的杠杆作用和引领作用，不断激发医药服务供给侧活力，推进医疗保障和医药服务高质量协同发展。

医疗保障是减轻群众就医负担、增进民生福祉、维护社会和谐稳定的重大制度安排。党中央、国务院高度重视医疗保障工作，不断加强全民医疗保障制度顶层设计，推动医疗保障事业改革发展取得突破性进展。党的十八大以来，党中央把社会保障体系建设摆在更加突出的位置，推动我国社会保障体系建设进入快车道。整合城乡居民基本医疗保险制度，全面实施城乡居民大病保险，组建国家医疗保障局。推进全民参保计划，降低社会保险费率,划转部分国有资本充实社保基金。我国以社会保险为主体,包括社会救助、社会福利、社会优抚等制度在内,功能完备的社会保障体系基本建成。我国基本医疗保险覆盖 13.5 亿人,是世界上规模最大的社会保障体系。这为人民创造美好生活奠定了坚实基础,为打赢脱贫攻坚战提供了坚强支撑,为如期全面建成小康社会、实现第一个百年奋斗目标提供了有利条件。

我国医保制度取得的杰出成就和发挥的重大作用,都和与时俱进的医保支付制度和支付方式改革息息相关。医保支付制度及其支付方式、支付标准、结算办法是医保制度的重要机制和关键环节,关乎医保制度的运行质量和可持续发展,关乎人民群众的制度获得感和权益保障,也关乎医疗卫生体制改革、医疗资源的合理配置和有效利用、医药卫生事业的健康发展。医保制度改革一启动,就必须高度重视医保支付制度和支付方式的配套改革,并一以贯之地将医保支付制度的改革创新作为中心环节(也称作"牛鼻子""总抓手")牢牢抓住不放,持续深化、不断创新,加快建成覆盖全民、城乡统筹、权责清晰、保障适度、可持续的多层次的中国特色医疗保障体系。

2. 理论产出

(1) 医疗保险相关概念。医疗保险(medical insurance)是为公民提供因疾病所需医疗服务费用补偿的一种保险。社会医疗保险(social medical insurance)是指国家通过立法强制筹资医疗保险基金,当人们因疾病、受伤或生育需要治疗时,根据有关法律或规定,由国家或社会向其提供必需的医疗服务或经济补偿的一项社会保险制度。

(2) 医疗保险支付方式指医疗费用拨付方式和渠道。支付方式的不同将会形成医疗服务供需双方以及医疗保险管理部门之间不同的约束关系,合理的支付方式才能给人们带来真正的保障,并促进医疗机构得到发展。我国目前的基本医疗保险支付方式主要有五种。

1）按服务项目付费，指医疗保险机构或患者根据医疗服务提供方提供的医疗服务项目和数量、每个服务项目的价格向医疗机构提供补偿或交费的支付方式。

2）总额预算制，指各地区的医保经办机构根据上个年度本地区医保支付的费用总额来科学分配各家医疗机构的医疗费用预算额度，再按额支付给医疗机构，医疗机构在一个年度内为参保人员提供限定金额的医疗服务，通常情况下"超支不补，结余留用"的一种支付方式。

3）按床日付费，指按床日收取医疗费用的付费方式，各地区的医保经办机构确定每一住院床日收取标准，然后依照参保人员在医疗机构内发生的床日数支付费用。

4）按疾病诊断相关组付费（diagnosis related groups, DRGs），指根据患者的年龄、性别、诊断、实际的住院天数、疾病的严重程度、合并症与其他并发症的多少、各种治疗手段的不同等，把消耗资源接近的病例分到同一个诊断相关组，通过事先做好的DRG分组器把不同的DRGs分组对应不同的DRG编码，医疗保险机构一般是根据该地区的医疗费用历史数据值进行统计分析，计算出一个科学的付费标准而向医疗机构进行支付的一种医保付费方式。

5）按人头付费，指对双向签约转诊以后，医保经办机构对社区服务中心及家庭医生采用以签约患者（人头）为单位进行付费的一种支付方式。

（三）课堂讨论

（1）结合所学知识和上述案例，概括镇江市医保支付方式改革存在的问题和挑战，并简要说明下一步改革思路。

1）问题一：医保支付方式发挥的引导作用有限，医保价值购买的机制尚未形成。改革思路：镇江市医保应逐渐由费用支付向战略性购买转型，突出价值购买导向。要点：①构建基于价值的医保付费新机制，以总额预算为基础，建立市级统筹体系下的分级分类预算管理制度；②以 DRG 为重点，推进 DRG 付费制度改革；③以就诊人头为核心，建立多元化的"人头付费"管理机制；④以数据监测为抓手，建立多维度的数据指标监测与质效考评体系。

2）问题二：质效评价体系不够完善。改革思路：镇江市应建立多维度的数据指标监测与质效考评体系，设立总量、均量、工作量和质量"四量维度"的监测与质效考评体系。要点：①在总量指标上，突出医疗总费用、费用增长率和基金支付总额等指标；②在均量指标上，强化门诊人头均费、住院例均费用等指标；③在工作量指标上，突出就诊人头、就诊人次、15 天内同病例再入院率等指标；④在质量指标上，突出病例入组率、病例组合指数、患者满意率等指标；⑤设定考核清算系数，将指标监测与医疗机构综合质效考评相结合，将考评结果与年末清算、决算结果挂钩。

3）问题三：大数据支撑基础不实。改革思路：镇江市应加快构建医保付费大数据支撑系统，规划建设镇江市医保支付信息系统和大数据应用支撑平台。要点：①依托市级医保信息化建设资源，推进建设全市健康保障大数据云平台；②将全市医保、医疗、医药各类信息数据进行统一规范与标化；③以健康保障大数据云平台为云端，建设"三医"信息数据集成共享的"智慧大脑"，推动健康保障大数据共建共享。

（2）医保支付制度关乎医保制度的运行质量和可持续发展，关乎人民群众的制度获得感和权益保障。结合案例，分析镇江市医保支付方式改革带来的启示。

1）发挥医保基金战略性购买作用，构建医保价值购买机制。要点：①建立分级分类的预算管理制度；②推进 DRG 付费制度改革；③建立多元化的医保付费机制；④建立完善的监测和考核制度。

2）加快构建多元复合的医保支付方式。要点：针对不同医疗服务特点，推进医保支付方式分类改革。①对住院医疗服务，主要按病种、按疾病诊断相关分组付费，长期、慢性病住院医疗服务可按床日付费；②对基层医疗服务，可按人头付费；③对不宜打包付费的复杂病例和门诊费用，可按项目付费；④探索符合中医药服务特点的支付方式。

3）完善区域医保总额预算管理办法。要点：①坚持"以收定支、收支平衡、略有结余"的总额预算编制原则；②积极探索将点数法与预算总额管理、按病种付费等相结合，逐步实现区域医保基金总额控制。

参考文献

[1] 艾宪淮. 泰安市卫生管理与改革的探索和实践 [J]. 泰山卫生，2009（4）：1-5.

[2] 陈凯荣. 医疗服务行业中的市场失灵与政府失灵及其矫正 [J]. 经济界，2013（2）：75-82.

[3] 邓玮，董丽云. 协同式应急：重大疫情中的医疗挤兑与合作治理：以新冠肺炎疫情为例 [J]. 华南理工大学学报（社会科学版），2021（1）：104-112.

[4] 范国富，范馨，单雨婷. 镇江市医保支付方式改革的实践与思考 [J]. 中国医疗保险，2020（11）：55-58.

[5] 顾亚明. 日本破除"以药养医"机制的借鉴：交易成本的视角 [J]. 卫生经济研究，2014（2）：19-28.

[6] 国家医疗保障局. 2022 年医疗保障事业发展统计快报 [EB/OL]. (2023-03-09) [2023-07-05]. http://www.nh-

sa. gov. cn/art/2023/3/9/art_7_10250. html.

［7］姜洁，袁永庆，白雪，等. 新冠肺炎疫情防控中关键卫生资源配置探讨：以湖北省武汉市为例［J］. 中华医院管理杂志，2020（10）：804 - 809.

［8］李伯阳，张亮，张研. 基于复杂网络的我国农村卫生保健服务体系分析理论探讨［J］. 中国卫生经济，2016（10）：17 - 20.

［9］李建华，田赞，田晖. 在华跨国商业贿赂的根源与治理对策研究：葛兰素史克案反思［J］. 东南学术，2014（2）：66 - 72.

［10］李静，虞燕君，彭飞，等."药品零加成"政策能否缓解患者负担？：基于中部某省公立医院试点的效果评估［J］. 财经研究，2021（12）：49 - 63.

［11］刘成裕，刘广宣. 药物经济学：评价与应用［J］. 中国药物经济学，2019（2）：122 - 128.

［12］刘丽杭. 医疗服务价格规制理论与政策研究［M］. 长沙：中南大学出版社，2007：3.

［13］罗沙，邹伟. 葛兰素史克中国公司被罚人民币30亿元［EB/OL］.（2014 - 09 - 19）［2022 - 05 - 14］. http：//news. cntv. cn/2014/09/19/ARTI1411115276087190. shtml.

［14］孟庆跃. 建设以人为本的卫生服务体系［J］. 中国卫生政策研究，2015，8（10）：1 - 4.

［15］缪宁，王富珍，郑徽，等. 中国2013—2020年乙型肝炎发病情况估算和病例特征分析［J］. 中华流行病学杂志，2021（9）：1527 - 1531.

［16］卿菁. 特大城市疫情防控机制：经验、困境与重构：以武汉市新冠肺炎疫情防控为例［J］. 湖北大学学报（哲学社会科学版），2020（3）：21 - 32.

［17］苏澎，段光锋，王丽洁. 我国典型地区"医药分开"政策与国外"医药分业"模式的对比分析［J］. 中国卫生经济，2016（1）：17－20.

［18］孙秘书，王贵强，张伟，等. 拉米夫定经治慢性乙型肝炎患者治疗现状调查分析［J］. 中国预防医学杂志，2012（1）：18－22.

［19］孙学勤，叶婷，李伯阳，等. 我国城市卫生服务连续性运行机制研究［J］. 中国卫生经济，2010（6）：7－8.

［20］王文娟，杜晶晶. "医药分开"政策对医疗费用的影响机制探索：医生收入、医院收入的中介效应［J］. 中国软科学，2015（12）：25－35.

［21］王昕，徐程. 新医改中的公立医院取消"以药养医"后的补偿机制分析［J］. 中国卫生事业管理，2011（12）：889－890.

［22］闻庆柱，刘倩，高文凤，等. 取消药品加成公立医院收支状况及医疗费用变化分析［J］. 中国医院管理，2018（8）：4－7.

［23］新华社. 中华人民共和国基本医疗卫生与健康促进法［EB/OL］.（2019－12－29）［2022－05－15］. http：//www. gov. cn/xinwen/2019－12/29/content_ 5464861. htm.

［24］央视网. 国家队"灵魂谈判"3 年减负 1700 亿 医务人员收入会增加吗？［EB/OL］.（2021－11－13）［2022－05－14］. https：//news. cctv. com/2021/11/13/ARTImmRbZ4ykji1zbTKbIhwv211113. shtml.

［25］姚光弼，王宝恩，崔振宇. 拉米夫定治疗慢性乙型肝炎患者的长期疗效［J］. 中华肝脏病杂志，1999（2）：80－84.

［26］中共中央 国务院. 关于深化医药卫生体制改革的意见［EB/OL］.（2019－03－17）［2022－05－15］. http：//www.

gov. cn/gongbao/content/2009/content_ 1284372. htm.

［27］邹伟，谭畅. 外企葛兰素史克在华行贿推高药价内幕披露［EB/OL］.（2013 – 07 – 15）［2022 – 05 – 15］. http://news. cntv. cn/2013/07/15/ARTI1373848144583130. shtml.

［28］BRESS A P, BELLOWS B K, KING J B, et al. Cost-effectiveness of intensive versus standard blood-pressure control［J］. New England journal of medicine, 2017, 377（8）: 745 – 755.

［29］CHEN R, HU Z, CHEN R, et al. Determinants for undetected dementia and late-life depression［J］. British journal of psychiatry, 2013, 203（3）: 203 – 208.

［30］HUANG Y, LI X, LIU Z, et al. Projections of the economic burden of care for individuals with dementia in mainland China from 2010 to 2050［J］. PLoS One, 2022, 17（2）: e0263077.

［31］SEGEL J E. Cost-of-illness studies—a primer［EB/OL］.（2006 – 01 – 13）［2022 – 05 – 14］. https://www. researchgate. net/publication/253434922_ Cost – of – Illness_ Studies – A_ Primer.

［32］The SPRINT Research Group. A randomized trial of intensive versus standard blood-pressure control［J］. New England journal of medicine, 2015, 373（22）: 2103 – 2116.

［33］The SPRINT Research Group. Final report of a trial of intensive versus standard blood-pressure control［J］. New England journal of medicine, 2021, 384（22）: 1921 – 1930.

（张　慧　黄奕祥　陈丽金）

第四章 卫生法学教学案例选编

第一节 课程思政教学设计

一、案例教学适用范围

本案例适用于"卫生管理学"本科生和研究生课程中，卫生法学相关章节的教学。

二、课程教学目标

1. 知识目标

针对专业特点和职业发展需求，通过理论与实践一体化的教学模式，使学生掌握卫生法学基本理论、重点内容、关键制度、核心机制及发展动向，掌握医疗卫生行业的法律规制、医疗事故处理和预防、医防融合的权力清单、医疗服务的质量治理体系、医疗风险的沟通和交流、医学科学重大问题的立法文书撰写等，吸收我国卫生健康治理的新思想、新理念、新经验。

2. 能力目标

（1）深刻理解习近平法治思想在卫生法各部分内容的体现，学会把依法治国的理念运用于学习成长和职业发展全过程，提高依法提供医疗卫生服务的实践能力和法学思辨能力。从感性地认识卫生法赋予自己的权利义务到如何让自己的专业意理（professionlism）成长为"专家治策"，掌握"循证决策"的方法和思维，通过课程作业实践将科学证据植入立法-执法-司法-守法的过程，从历史的角度、系统的角度，理解思考卫生健康工作，提高宏观思维能力、重点把控能力及问题解决能力。

（2）培养学生成为具有交叉学科思维和逻辑，具备政治意识、大局意识、核心意识、看齐意识的学者、执业者和专家，成为面向世界科技前沿、面向经济主战场、面向国家重大需求、面向人民生命健康的"医防管法"高水平复合型医学人才，促进其形成系统化研究分析的思路和方法，加强卫生法与临床医学专业内容学习的融合吸收。

（3）帮助学生更加深入理解习近平总书记所要求的"医防融合"工作，明确公共卫生应急管理体系是公共卫生与应急管理两个重要领域的结合，是一个国家应对突发事件的理念、制度安排与各类资源的总和，其构成和演变决定了国家应对突发事件的能力和效率，体现了其在复杂局面的驾驭、社会局势的稳定、公共利益的维护、人民群众的生命安全等方面发挥的重要作用。

（4）通过组织学生参加辩论赛，让学生深刻体会卫生法学问题的产生、发现与解决，提高学生对本专业相关的社会热点和法律事件的关注度，运用法律渊源、效力层级等基本理论进行对抗式的阐述，激发学生对法学逻辑的推理思维，提高学生的思辨能力及分析问题、解决问题的能力，从而提升学生解决卫生法前沿问题的综合能力，对学生的培养进行全方位、多领域、多层次的完善，使学生成长为高水平复合型人才。

（5）引入传统法学教学实验手段与医学专业特点结合。在课堂教学中利用情景教学方法，引进"法律诊所模式"，让学生置身于诉讼环境中，将医学和法学结合，根据新的法律法规和课堂学习的知识点对中国裁判文书网发布的案例进行还原、编写、改造，在课堂上开展模拟法庭教学活动。在给定的案件场景下，学生发现法律问题并给出解决方案。通过模拟答辩词、辩护词等形式，激发学生关注医事法律法规的制定、执行现状，探讨解决医疗纠纷的路径，培养他们的思辨能力。学生之间、师生之间互评，促进生生和师生互动。最后，从评委的点评中掌握知识点的运用，提升学生的交叉学科思维和逻辑。

3. 价值目标

（1）让学生从案例中学习习近平法治思想，感受法的人民性，充分认识在社会主义国家，法的人民性就是要体现"人民至上"，体会"法律如果不体现人民的意志，就会变得有名无实"的含义。感受习近平法治思想如何将马克思主义法治思想的精髓融入法治中国建设的方方面面，将唯物主义、社会主义、人民至上的法理要义贯穿全局，并不断发展完善。了解如何坚持以人民为中心，以人民群众对民主、法治、公平、正义等方面的新需求为着力点，面向人民群众不断增长的美好生活期待，保障人民切身利益，诠释人民至上的基本内涵。

（2）针对新冠疫情，以创新的形式让学生理解国家在应急状态下对疫情防控遵守的主体适格、措施适度原则，把"责任担当"加入"依法担当"的双重价值引领。

（3）让学生全方位从国内的疫情防控到全球卫生法的角度思考我国的公共卫生事件应急管理的根本价值和原则："生命至上""人类卫生健康共同体""公平与效率""同一健康""底线思维""全周期管理""平战结合"等。培养学生成为具有交叉学科思维和逻辑，具备政治意识、大局意识、核心意识、看齐意识的学者、执业者和专家，成为高水平复合型医学人才。

（4）通过组织学生参加辩论赛，让学生从辩论赛的案例中理解社会热点问题的实质，提高对卫生行业社会现实问题的关注热情，深刻理解习近平法治思想在卫生法各部分内容的体现，学会把依法治国的理念运用于学习成长和职业发展全过程，提高依法提供医疗卫生服务的实践能力和法学思辨能力。使学生一方面从整体上对卫生法学有系统的把握，另一方面使学生能从细节上有所理解，掌握前沿理论创新，并在课堂上重点介绍中国裁判文书网等线上资源的使用方法，突出理论与判例分析结合。

（5）通过模拟法庭分析和研究案例，模拟案件的处理，解释法律规定，掌握案情与法律之间的关系，认识到在依法治国的道路中，必须正视具体领域的特殊问题的复杂性，增进公共卫生专业学生对我国医患关系的深入了解，正确认识并恰当运用法律治理工具有效解决这些难题，认真学习贯彻习近平法治思想，并激发学生对未来发展和完善路径的探讨，最终达到治理现代化与健康公平的目标。

三、教学方法

本章课程教学适宜采用翻转课堂模式和理论与实践一体化教学法。通过课前提出问题激发学生探求新知的欲望，主动产生学习的兴趣，激励学生自主参与案例教学活动，成为学习的主人。应用法学实验教学模式，引进"法律诊所模式"，在给定的案件场景下由学生发现法律问题并给出解决方案；开展"模拟法庭"活动，将理论教学与行业实践及政策焦点相结合，以小组为单位完成作品，通过师生互评、生生互评，促进相互间的交流、观摩、演示，互相取长补短；开展辩论赛，"以赛促学"可以加深学生对理论知识的理解，提升学生思政和专业结合的能力和水平。

第二节 课程思政案例及分析

一、公共卫生应急管理中的法律制度和规制问题

(一) 案例内容

新冠疫情发生后不久,2020年2月5日,习近平总书记主持召开中央全面依法治国委员会第三次会议,审议通过《中央全面依法治国委员会关于依法防控新型冠状病毒感染肺炎疫情、切实保障人民群众生命健康安全的意见》。在此后关于疫情防控的一系列重要讲话中,习近平总书记反复强调疫情防控越是到最吃劲的时候,越要坚持依法防控,在法治轨道上统筹推进各项防控工作。可见,法治是治国理政的基本方式,推进全面依法治国,根本目的是依法保障人民权益。

我国一直高度重视公共卫生法治化建设,先后制定多部法律,为应对公共卫生应急管理工作提供了具体依据和法律指导,基本实现有法可依。自《中华人民共和国传染病防治法》(简称《传染病防治法》)、《中华人民共和国突发事件应对法》(简称《突发事件应对法》)及《突发公共卫生事件应急条例》实施以来,我国经受了一系列突发事件和灾害事故的考验,对四大类灾害事故与事件实施专业化管理和全过程管理,能够较好地应对一般性质常规突发事件。这些法律和条例被证明是符合国情的,是基本可行的。

但是,新冠疫情这一公共卫生事件的严重性与复杂性远远超出人们以往的认知,凸显出全球冲击力、全域性威胁性、高度不

确定性、紧急性和复杂性。从全球史的角度来看，此次公共卫生事件已构成人类在和平状态下最严重的"全球性危机"，对各国既有的治理体系，尤其是应急管理体系形成了强烈的冲击。与此同时，本次公共卫生事件高度不确定性、全面性、长期性和复杂性的应对，也进一步放大了既有常规突发公共卫生事件法律规制中的不足与短板。法律实施效果不理想的原因有多方面，此次疫情暴露出的最主要症结在于现有的国家应急管理法律体系对突发公共卫生事件衍生演变的规律与特征认识不足，突发公共卫生事件应急管理的针对性规范不足，应对的制度设计和制度准备与防控现实需求有距离。习近平总书记在党的二十大报告中提出"推进健康中国建设"，要把保障人民健康放在优先发展的战略位置，完善人民健康促进政策。创新医防协同、医防融合机制，健全公共卫生体系，提高重大疫情早发现能力，加强重大疫情防控救治体系和应急能力建设，有效遏制重大传染性疾病传播。深入开展健康中国行动和爱国卫生运动，倡导文明健康生活方式。《突发公共卫生事件应急条例》自 2003 年颁布以来，已实施了 20 多年。全国人大常委会委员长栗战书 2021 年 3 月 8 日在十三届全国人大四次会议提出，推进强化公共卫生法治保障立法修法工作，制定突发公共卫生事件应对法，修改突发事件应对法。相关法律的制定或修改，将提升突发公共卫生事件应急管理的法律渊源效力层级，与时俱进地规范应急管理活动，协调、高效、有序地开展各类突发公共卫生事件应对，控制和消除相关危害，保护人民群众生命安全和身体健康，维护国家公共卫生安全和社会稳定。

近年来，应急管理理念转变、机构改革调整较大，相关法规修订相对滞后。在基层加强"医防结合"能力方面，目前社区卫生服务中心服务能力的标准仅由卫生健康委员会 2018 年制定的规范性文件进行规定，法律渊源层级低且没有明确公卫医师和全科医生在社区卫生服务中心的权利义务和功能定位，没有涵盖"医防结合"的内容和考核标准，不利于织密织牢第一道防线。在严格执法的要求下，卫生行政执法机构定位和执法模式力有不逮，队伍建设与工作内容和工作量不匹配。司法环节没有全方位保障公共卫生应急管理体系。卫生行政执法与刑事司法衔接还不够顺畅，检察机关缺少办理公共卫生应急事务相关的专门工作机制和指引。没有形成全民守法的强效合力。

（二）案例分析

1. 思政元素

党的十八届四中全会审议通过的《中共中央关于全面推进依法治国若干重大问题的决定》指出："全面推进依法治国，总目标是建设中国特色社会主义法治体系，建设社会主义法治国家。这就是，在中国共产党领导下，坚持中国特色社会主义制度，贯彻中国特色社会主义法治理论，形成完备的法律规范体系、高效的法治实施体系、严密的法治监督体系、有力的法治保障体系，形成完善的党内法规体系，坚持依法治国、依法执政、依法行政共同推进，坚持法治国家、法治政府、法治社会一体建设，实现科学立法、严格执法、公正司法、全民守法，促进国家治理体系和治理能力现代化。"

2020年11月16日至17日，中央全面依法治国工作会议在北京召开，中共中央总书记、国家主席、中央军委主席习近平出席会议并发表重要讲话。习近平对当前和今后一个时期推进全面依法治国要重点抓好的工作提出了11个方面的要求。2020年11月16日，习近平总书记在《求是》杂志上发表《推进全面依法治国，发挥法治在国家治理体系和治理能力现代化中的积极作用》。文章强调，坚持全面依法治国，是中国特色社会主义国家制度和国家治理体系的显著优势；要坚持全面依法治国，夯实中国之治的制度根基；要坚持顶层设计和法治实践相结合，提升法治促进国家治理体系和治理能力现代化的效能；各级领导干部必须强化法治意识，带头尊法学法守法用法，做制度执行的表率。党的二十大报告指出，"面对突如其来的新冠肺炎疫情，我们坚持人民至上、生命至上，坚持外防输入、内防反弹，坚持动态清零不动摇，开展抗击疫情人民战争、总体战、阻击战，最大限度保护了人民生命安全和身体健康，统筹疫情防控和经济社会发展取得重大积极成果。党的二十大报告在"推进健康中国建设"中提出，"创新医防协同、医防融合机制，健全公共卫生体系，提高重大疫情早发现能力，加强重大疫情防控救治体系和应急能力建设，有效遏制重大传染性疾病传播。深入开展健康中国行动和爱国卫生运动，倡导文明健康生活方式。"

  坚持全面推进"科学立法、严格执法、公正司法、全民守法"，是新时代法治建设的"十六字"方针。在全面推进依法治国的工作格局中，科学立法是前提条件，严格执法是关键环节，公正司法是重要任务，全民守法是基础工程。因此，依法战"疫"，科学立法是前提。用法律授予权力以限度、明晰权利的范围，是保证权力与权利依法运行的关键。依法战"疫"，严格执法是关键。面对疫情防控过程中出现的各类矛盾纠纷，积极通过多元化机制妥善化解，体现了法理、事理与情理的"三理"统一，也是法治修复社会关系功能的重要体现。依法战"疫"，公正司法是保障。司法是维护社会公平正义的最后一道防线。依法战"疫"，全民守法是基础。在战"疫"中，各地群众严格遵守国家法律、地方性法规及行政命令，多地群众依法自行组织开展基层群众自治，推进基层治理单元防疫工作，显示出法治在人民群众中的深厚根基。我国抗疫实践中展现的法治精神，是战胜疫情的有力保障、强大动能。

2. 理论产出

在健全公共卫生应急管理体系的全周期，坚持运用法治思维和法治方式，从立法、执法、司法、守法各环节发力。

公共卫生应急管理体系的建设，基础在制度，核心在制度执行力，而制度执行力的提升需要加强法治保障体系的建设，形成全链条的统一领导、权责匹配、权威高效、动态督察、程序规范、执行有力的法治体系。因此，公共卫生应急管理体系的建设应从立法、执法、司法、守法这四个环节着手，构建保障公共卫生应急管理制度，健全全链条的统一领导、权责匹配、权威高效、动态督察、程序规范、执行有力的法治体系。在立法环节，公共卫生领域相关立法、修法工作需要配合执法、司法和守法环节，形成防控体系的法治保障。在执法环节，卫生行政执法体系是公共卫生体系的重要组成部分，是执行国家卫生法律、法规，维护公共卫生秩序和医疗服务秩序，保护人民群众健康，促进经济社会协调发展的重要保证。在司法环节，进行卫生行政执法与刑事司法衔接机制研究。在守法环节，一切组织和个人自觉守法是不断强化公共卫生应急管理法治保障的重要支撑，守法机制也是不可或缺的重要补充，要通过宣传教育、案例警示等方式，让社会公众认识到构筑国家公共卫生安全的价值，从而提高公众的遵法、守法意识并向行动层面转化。

3. 实践推动

在优化和完善公共卫生应急管理的法律体系方面，应从系统性、前瞻性、动态性、全过程性的高度来进一步强化底线思维。党的十八大以来，习近平总书记多次强调，要坚持底线思维、增强忧患意识、防范风险挑战，主要防控可能阻滞或阻断中华民族伟大复兴历程的整体性风险，应对各类"黑天鹅"事件应当成为国家应急管理工作的重要目标。我国公共卫生应急管理相关法律的制定站位要高，不能立足于"部门法"，也不能仅局限于一般常规应急管理,要进一步强化底线思维,不仅要政治动员,而且要体现法治权威,要清晰判断底线在哪里、风险在哪里、最坏的情况是什么,充分预估困难和挑战,把法律制度设计得周密一些,将底线思维具体转化为实际的行动。要积极规避系统性风险,化解复杂矛盾,探索创新发展的路径和方法,充分做到有守有为,抓住防控和化解公共卫生风险的主动权,牢牢守住底线。

立法环节,习近平总书记指出,要完善疫情防控相关立法,加强配套制度建设,完善处罚程序,强化公共安全保障,构建系统完备、科学规范、运行有效的疫情防控法律体系。全面加强和完善公共卫生领域相关法律法规建设;把生物安全纳入国家安全体系,系统规划国家生物安全风险防控和治理体系建设,全面提高国家生物安全治理能力;改革完善疾病预防控制体系,坚持预防为主,预防关口前移;健全公共卫生服务体系,推动公共卫生服务与医疗服务高效协同、无缝衔接等。①

执法环节,习近平总书记指出,要严格执行疫情防控和应急处置法律法规,加强风险评估,依法审慎决策,严格依法实施防控措施,坚决防止疫情蔓延。依法严肃查处危害疫情防控行为。要加大对危害疫情防控行为执法司法力度,严格执行《传染病防治法》及其实施条例、《突发公共卫生事件应急条例》等法律法规,依法实施疫情防控及应急处理措施。要加强治安管理、市场监管等执法工作,严厉查处各类哄抬防疫用品和民生商品价格的违法行为,依法严厉打击抗拒疫情防控、暴力伤医、制假售假、造谣传谣等破坏疫情防控的违法犯罪行为等。②

司法环节,习近平总书记指出,要加大对危害疫情防控行为

---

① 参见习近平《全面提高依法防控依法治理能力 健全国家公共卫生应急管理体系》,载《求是》2020年第5期,第4—8页。
② 参见《全面提高依法防控依法治理能力 为疫情防控提供有力法治保障》,载《中国青年报》2020年2月6日第1版。

执法司法力度，加强对相关案件审理工作的指导，及时处理，定分止争。落实上述讲话精神，各司法机关要找准结合点、切入点和着力点，为疫情防控提供切实有效的司法保障。①

守法环节，习近平总书记指出，要加强疫情防控法治宣传和法律服务，组织基层开展疫情防控普法宣传，引导广大人民群众增强法治意识，依法支持和配合疫情防控工作。要强化疫情防控法律服务，加强疫情期间矛盾纠纷化解，为困难群众提供有效的法律援助。②

（三）课堂讨论

（1）公共卫生事件应急管理相关的法律法规包括哪些？其法律制度和法律体系的组成与和结构如何？各侧重点是什么？它们是如何相互补充，对公民生命健康做出保障的？

我国公共卫生事件应急管理相关的法律法规主要包括全国人大颁布的《传染病防治法》和《突发事件应对法》，国务院颁布的《突发公共卫生事件应急条例》，以及各省、自治区人大制定的相关条例，各省、自治区、直辖市人民政府制定的相关部门规章、办法和规范性文件等。以上法律法规构成我国公共卫生事件应急管理的法律体系。不同渊源的法律规范存在不同等级与位阶，法律位阶不同，效力也不同，但法律渊源在纵向上保持协调。同时，公共卫生事件应急管理相关法律部门在横向上相互衔接。《传染病防治法》等相关法律法规主要是为了预防、控制和消除传染病的发生与流行，保障人体健康和公共卫生；《突发事件应对法》及其相关法律制度主要是为了有效预防、及时控制

---

① 参见余向阳《疫情之下人民法院应充分彰显司法的"演变"》，载《人民法制报》2020年4月10日第5版。
② 参见《全面提高依法防控依法治理能力 为疫情防控提供有力法治保障》，载《中国青年报》2020年2月6日第1版。

和消除突发公共卫生事件的危害，保障公众身体健康与生命安全，维护正常的社会秩序。不同的公共卫生事件应急管理法律法规在预防与准备、报告与公布、控制与处理、救治与监管等方面对公民生命健康做出保障。

（2）通过梳理相关法律法规，查阅资料和讨论，试阐述目前公共卫生事件应急管理的法律制度尚存在的问题有哪些？应如何完善？

以公共卫生事件应急管理体系的立法问题为例，公共卫生事件应急管理的法律制度在立法的系统性、科学性和精细化等方面仍然存在一些问题。

新冠疫情暴露出的最主要症结在于现有的国家应急管理法律体系的底线思维还不够突出，对非常规突发事件的研判不够，对其衍生演变以及跨界领域等规律与特征认识不足，对危害所带来的连锁反应缺乏充分的认识。①没有进一步区分常规应急管理与非常规应急管理，并设计出不同的法律调整框架。近年来突发事件频发，兼具小概率与大危害的非常规突发事件呈现越来越复杂、弥散、跨界演变的特征，其应对措施与常规突发事件有着截然不同的要求，且多半没有现存的经验教训可供参照借鉴。笼统适用同一套制度措施，对常规应急管理而言，或者浪费资源，或者一刀切，不能统筹减少灾害与经济社会平衡发展；对非常规应急管理而言，或者措施不力、方法不够，或者于法无据、法外寻策。②紧急状态法或者"紧急状态"专章的缺失，宪法确立的紧急状态制度无法实质性落地。应急管理基本法层面存在一定的空白，缺乏对特别严重的非常规应急管理进行有效调整的措施和手段，近年来，在有关特大突发事件的应对中，弊端日显。全国各地被迫采取了最全面、最严厉的管制措施，其中一些超出《突发事件应对法》的应急措施范围。如果不能在法律层面得到确认和规制，容易引发合法性质疑，对高效解决极端事态也十分不利。③对极端事件的峰值需求估计不足，没有预留制度空间，没有足够的安全冗余，巨灾应对能力有待提高。应对的制度设计和制度准备与防控现实需求有距离。究其根源，很大程度上与应急管理领域立法的滞后有关。

　　针对上述问题，应从系统性、前瞻性、动态性、全过程性的高度来优化和完善公共卫生应急管理的法律体系，进一步强化底线思维。我国公共卫生应急管理相关法律的制定站位要高，不能立足于"部门法"，也不能仅局限于一般常规应急管理。要进一步强化底线思维，不能止步于政治动员，更要体现法治权威，体现适度超前的立法理念。要清晰判断底线在哪里，风险在哪里，最坏的情况是什么，充分预估困难和挑战，把法律制度设计得周密一些，将底线思维具体转化为实际的行动。要积极规避系统性风险，化解复杂矛盾，探索创新发展的路径和方法，充分做到有守有为，抓住防控和化解公共卫生风险的主动权，牢牢守住底线。制定相关法律，对特别重大、复杂的非常规突发事件要构建相对完整的制度框架，在制度设计上预设极限情景下的接口与措施储备。在立法模式上，要充分认识常规突发事件应对与非常规突发事件应对的特征，分类区别调整。应当进一步研判巨灾应对特点与规律，区别不同事件的不同应对状态，设计不同的启动程序与应对制度。应当按照严重程度、冲击力、危害性以及不确定性等，将现行突发事件分别进行常规应急管理与非常规应急管理，分类管理，分级启用，精准应对。一旦出现概率虽小，但危害性大、演变迅速、不确定性大，对社会运行产生严重威胁，采取常规应急管理措施已不足以消除或者控制、减轻危害的事件，应立即启动非常规应急管理法律制度，以统一领导、集中指挥、综合协调为特征，必要时启动举国体制。对常规突发事件应对，则继续发挥现行《突发事件应对法》确立的以分级分类、专业应对、属地管理为主的工作体制。

二、公共卫生事件应急管理能力储备——高水平"医防管"复合型公共卫生人才

(一) 案例内容

落实"健康第一""健康融万策"的理念,开展公共卫生事件应急管理离不开高等教育和高素质公共卫生人才的储备支持和保障。然而,目前国家公共卫生人才仍存在较大缺口,公共卫生专业人才储备不能覆盖应急管理的全链条、各环节。我国每万人口仅有1.4名疾病防控人员,相当于美国的1/5。全国3000多所大专院校中设有公共卫生与预防医学专业的大学仅有93所,全国每年培养公共卫生专业本科生只有7000人左右。2018年,我国各级疾病预防控制中心工作人员中,仅有44.2%的人员的学历为大学本科及以上学历。这一规模在"健康中国"上升为国家战略的新时代背景下,无法满足全社会各行业日常与应急需求。高层次公共卫生人才的短缺,多层次公共卫生人才培养体系的滞后,已成为制约我国公共卫生事业发展的瓶颈。同时,我国缺乏公共卫生学院建设与评估的高水平认证体系,公共卫生人才的职业素养、职后培训有待规范化,公共卫生专业人才队伍建设有待加强。

总体而言,公共卫生学科建设和高水平人才培养面临很多突出问题未能得到妥善解决:认识到预防为主的重要性,但落实不佳;系统的医疗卫生改革方案已经制定和实施多年,但仍未扭转卫生资源配置倒三角的突出问题;健康融万策的战略目标虽已提出,但跨部门协调、跨领域协同、跨地区交流人才培养模式尚未形成;卫生管理理论研究已经取得众多成果,但其指导卫生管理实践和实现政策转化的障碍依然巨大。我国公共卫生人才建设在

医防融合建设方面尚未交出满意的答卷下，融入公共卫生管理理念的人才培养模式远未成为当前讨论的焦点。公共卫生事件应对因"医防管"割裂导致无法化被动抗疫为主动防疫。可见，新时代提出的新要求无法用传统体系来满足，传统的公共卫生人才培养模式也无法与新时代的人才需求相适配。

（二）案例分析

1. 思政元素

新冠疫情再次凸显了医学在人类生存和发展中的重要性。疫情防控的长期性、复杂性和艰巨性，把进一步完善公共卫生人才培养建设和储备提上了重要议程。

2020年2月23日，习近平总书记在统筹推进新冠肺炎疫情防控和经济社会发展工作部署会议上指出："要坚持预防为主的卫生与健康工作方针，大力开展爱国卫生运动，加强公共卫生队伍建设和基层防控能力建设，推动医防结合，真正把问题解决在萌芽之时、成灾之前。"

2021年2月19日，在中央全面深化改革委员会第十八次会议上，习近平总书记强调，要坚持医防融合、平急结合、中西医并重，更好地防范化解重大疫情和突发公共卫生风险。加强医防合作，推进防、治、管整体融合发展，是国家把健康"战略关口前移"、建立"以人民健康为中心"的国家战略的具体体现。重大公共卫生风险事关国家、城市的安全和发展，事关社会大局稳定。

2020年5月28日，《中华人民共和国民法典》获得通过，明确规定了生命权、身体权与健康权的权利内容。

党的二十大报告强调，"健全国家安全体系，完善高效权威的国家安全领导体制，完善国家安全法治体系、战略体系、政策体系、风险监测预警体系、国家应急管理体系，构建全域联动、立体高效的国家安全防护体系"。

可见，要从保护人民健康、保障国家安全、维护国家长治久安的高度，把重大公共卫生事件应急管理纳入国家安全体系，坚定不移地贯彻总体国家安全观，才能全面提高国家安全治理能力，确保国家安全和社会稳定，维护人民健康。公共卫生人才是公共卫生安全治理和公共卫生应急管理体系中质量保障的最小支撑单位。"医防管"融合的人才培养和队伍发展是建设强大和有效的公共卫生应急管理体系的重要基础；公共卫生人才是维护国家公共卫生安全的常备军，是落实健康中国战略预防为主核心方针的主力军。

2．理论产出

学界目前对医防结合并没有一个准确的定义，在《"健康中国2030"规划纲要》中将其定义为"建立专业公共卫生机构、综合和专科医院、基层医疗卫生机构'三位一体'的重大疾病防控机制，建立信息共享、互联互通机制，推进慢性病防、治、管整体融合发展，实现医防结合"。

2020年5月，习近平总书记参加十三届全国人大三次会议湖北代表团的审议时强调，"要立足更精准更有效地防，优化完善疾病预防控制机构职能设置，创新医防协同机制，强化各级医疗机构疾病预防控制职责，督促落实传染病疫情和突发公共卫生事件报告责任，健全疾控机构与城乡社区联动工作机制，加强乡镇卫生院和社区卫生服务中心疾病预防控制职责，夯实联防联控的基层基础。"此后，《中华人民共和国国民经济和社会发展第十四个五年规划和2035年远景目标纲要》《"十四五"国民健康规划》《关于推动公立医院高质量发展的意见》《关于进一步完善医疗卫生服务体系的意见》均强调落实医疗机构公共卫生责任，创新医防协同、医防融合机制，是构建强大公共卫生体系的重要举措。

在党的二十大报告中，习近平总书记提出"推进健康中国建设"：要把保障人民健康放在优先发展的战略位置，完善人民健康促进政策。创新医防协同、医防融合机制，健全公共卫生体系，提高重大疫情早发现能力，加强重大疫情防控救治体系和应急能力建设，有效遏制重大传染性疾病传播。深入开展健康中国行动和爱国卫生运动，倡导文明健康生活方式。

2023年12月25日，国务院办公厅印发《关于推动疾病预防控制事业高质量发展的指导意见》，其中提到"创新医防协同、医防融合机制。全面推进医疗机构和专业公共卫生机构深度协作，建立人才流动、交叉培训、服务融合、信息共享等机制。探索建立疾控监督员制度，在公立医院、基层医疗卫生机构和社会办医院设立专兼职疾控监督员，接受属地疾控部门业务管理。探索疾控专业人员参与医疗联合体工作，建立社区疾控片区责任制，完善网格化基层疾控网络"。未来疾病预防控制体系与应急管理的改革方向有四个：一是重构专业化、现代化的三级疾病预防控制网络；二是建立适应三级医疗递送服务模式的医防结合模式；三是构建协同精准、科学高效的智慧化传染病防治体系；四是依托健全疾控机构和城乡社区联动工作机制实现基层网格医防结合。

2021年，面对新冠疫情防控中出现的公共卫生服务体系碎片化、医防分离无法应对复杂公共卫生安全问题的现状，医防融合开始与突发公共卫生事件、传染病防控结合，把协同治理理念应用于法律规制领域，凸显了医防融合和管理相结合的重要性。尽管自2003年的SARS疫情到2020年的新冠疫情，医防融合发挥了重要作用，但是医防割裂现象并没有得到体系化、全链条、全方位的解决。公共卫生是与每个人的生命健康、生活质量直接相关的，须臾不可离的公共性事务。医防融合的决策转化需要通过横向到边、纵向到底的管理机制来实现，高水平的公共卫生管理是保障协同治理效果的关键。从处理好卫生健康的个体性与公共性的相互关系出发，思考中国抗疫何以能够取得重大阶段性成果，与"医防管"的交互作用相关。

3. 实践推动

为改变医防分离的局面，需要从法律制度、组织体系、支撑工具各方面促进医疗系统和公共卫生系统的融合，进而推动"医防管"交互融合，推动高水平复合型公共卫生人才储备的建设。

建立国家级"医防管"三栖人才孵化培训基地，从医疗卫生行业治理中观层面创新公共卫生社会服务模式。基于公共卫生学院所构建的"理论输出—人才内化—应用决策输出"的完整教学体系，在公共卫生概念扩展及大健康观倡导下，契合当代"生理—心理—社会"医学模式，在开设传统专业课程的同时，增加核心能力培养和相应课程设置，如"医学伦理学""卫生管理学""卫生法学"等课程，提高公共卫生教育的综合性，对公共卫生人才培养体系进行全方位、多领域、多层次的完善补强。同时，提高临床医学教育公共卫生知识技能要求，从教育上推动"医防管"融合一体化进程。结合国家医疗卫生体系的改革和路径设计，提升公共卫生知识非学历培训和继续教育的完整性和系统性，培养以岗位胜任力为导向的实战型公共卫生人才和以需求为导向的研究生跨学科高水平科研能力专业人才复合培养体系，通过精品培育项目向社会输出全面发展的公共卫生高层次复合型人才。通过人才与项目的拟合，与国家机关、地方政府、企业事业单位、社会组织的合作研究，牵头制定和更新行业规则、标准和方法论，把顶层设计和基层实践、整体推进和重点突破有机结合，构建跨行政区域和制度的公共卫生服务新模式。强化公共卫生医师的作用，以法律形式对不同岗位上的全科医生和公共卫生医师的职能范围和分工协作机制进行确认，强化团队中公共卫生医师的职能，即作为行业专家对公共卫生的整个过程（包括计划、提供以及管理等）进行大局把控，并负有向最高决策层及时汇报、参与制定健康促进政策的责任。建立管理与专业合一的岗位，采取"内行治专"的治理模式，提升公共卫生医师"医防管"综合治理能力。

（三）课堂讨论

在公共卫生事件应急管理中，人才是关键，梳理相关法律法规和政策文件并讨论如何通过立法和行政规制手段为高水平"医防管"三栖复合型人才培养和建设提供支撑。

在立法方面，可从公共卫生医师配备标准的设置、临床医学与公共卫生专业背景限制的破除、职能的划分和分工协作机制的确认等方面进行思考；在行政规制方面，可从基本医疗和基本公共卫生服务信息化融合建设、公共卫生人员和临床人员的交叉培训、医学生培养制度等方面进行思考。

三、模拟法庭——医疗纠纷责任判定

（一）案例内容

太原市尖草坪区人民法院民事判决书

〔2015〕尖民初字第 793 号

原告：张某。

法定代理人：张花（化名，系原告母亲）。

委托诉讼代理人：令狐黄仙（系原告奶奶）。

委托诉讼代理人：程如光，山西如光律师事务所律师。

被告：太原市尖草坪区中心医院。

法定代表人：贺锡平，院长。

委托诉讼代理人：冯慧玲，山西知达律师事务所律师。

原告张某与被告太原市尖草坪区中心医院医疗纠纷一案，本院于2015年6月17日立案后，依法适用普通程序，公开开庭进行了审理。原告张某的委托诉讼代理人令狐黄仙、程如光，被告太原市尖草坪区中心医院的委托诉讼代理人冯慧玲到庭参加诉讼，本案现已审理终结。

原告张某向本院提出诉讼请求：被告赔偿原告医药费46379.9元、护理费13680元、住院伙食补助费4500元、营养费9000元、交通费3000元，共计76559.9元。庭审中，原告变更诉讼请求为：①被告赔偿原告医药费50592.29元、护理费18360元、住院伙食补助费9000元、营养费18000元、交通费3000元、鉴定费7000元、精神抚慰金20000元，共计125952.29元；②本案诉讼费由被告负担。事实和理由：原告的母亲张花孕育原告后一直在被告处进行围产检测，被告知各项检测均属正常。2012年8月23日，原告之母到被告处生产，在生产过程中，被告在未告知原告亲属的情况下，采取了胎头吸引术共3次，导致原告窒息。事发后原告被送往山西省儿童医院救治，经诊断为新生儿缺氧缺血性脑病、新生儿肺炎、头皮水肿等，并严重危及生命。后经治疗，原告脱离了危险，但落下了残疾，直至现在仍在治疗中。这给原告本人及家人造成严重伤害，原告方主张被告应当支付精神抚慰金。由于被告的原因使原告在生产过程中遭受了重大的伤害，给原告造成了不可挽回的后果，被告应承担全部责任。

被告太原市尖草坪区中心医院辩称：①原告主张的事实按照司法鉴定意见为准，具体费用应提供相应证据，并符合相关法律规定；②被告按照司法鉴定意见确认的责任比例70%~80%承担赔偿责任；③被告垫付费用22000元应在原告诉求中予以扣除。

当事人围绕诉讼请求依法提交了证据。

原告提供了如下证据：①2012年8月23日至2012年8月25日原告母亲张花在被告处住院生产时的病例、出院证；2012年8月23日至2012年8月30日、2012年10月15日至2012年10月25日、2012年11月26日至2012年12月6日、2012年12月8日至2012年12月16日、2013年1月7日至2013年1月17日、2013年3月7日至2013年3月17日、2013年4月15日至2013年4月20日、2013年6月25日至2013年7月8日、2013年9月4日至2013年9月15日原告在山西省儿童医院妇幼保健院住院治疗病例、出院证，证明原告因在被告处治疗有损伤，在山西省儿童医院进行治疗的事实。原告住院共90天，主张住院伙食补助费每天100元，计9000元；营养费每天100元，主张180天，计18000元；护理费按照居民服务业标准，每天102元，2人护理，主张90天，计18360元。②住院费票据11张，共61315.99元；门诊票据96张，共8247.7元；合计69562.99元。③鉴定意见书、鉴定费票据证明被告对原告诊疗存在70%~80%的过错，应对原告损伤承担赔偿责任，原告支付鉴定费7000元。④原告父母的工资证明，证明原告治疗期间产生的护理费。

被告对原告提供的证据发表以下质证意见：对证据①无异议；对证据②医疗费票据只认可标明张某、张花子、张花之子的票据，对注明张花、李丽、宝宝及无姓名的医疗票据不予认可，对外购药不予认可；对证据③鉴定意见书、鉴定费票据无异议；对证据④护理费不认可，因没有2人护理的医嘱，只认可1人护理，且应提供护理人员最近3年的平均收入证明。

被告提供了如下证据：领款单1张、借条4张，证明事故发生后，被告给付原告费用共计22000元。原告对被告提供的证据予以认可，可在其诉求中予以扣除。

双方当事人均无异议的证据，本院予以确认并在卷佐证。对于有争议的证据，本院认定如下：对原告提供的医疗费票据，被告对注明张花、李丽、宝宝及无姓名的医疗票据不予认可，本院经审查认为，对无姓名的票据46元及标明为李丽的票据1.9元，因无法认定与原告诊疗的关联性，本院不予采纳。

根据当事人陈述和经审查确认的证据，本院认定事实如下：

2012年8月23日，原告之母张花因"停经9月，下腹痛13小时，见红11小时"，入住到被告处生产，入院诊断：宫内妊娠39周，头位。张花在分娩过程中产程进展顺利，但医方观察不细，过多给予干预，致使胎心减慢，当胎心减慢后，医方使用胎头吸引术欲尽早结束分娩，在吸引过程中胎头发生滑脱。张花于2012年8月23日16时10分经阴道分娩一男婴。原告因"窒息复苏后反应差5小时"于2012年8月23日入住山西省儿童医院，入院诊断"1.新生儿缺氧缺血性脑病；2.新生儿肺炎；3.呼吸衰竭；4.头皮水肿；5.低钙血症；6.头颅血肿"。后原告多次入住山西省儿童医院给予对症治疗，共计住院时间86天。2012年8月28日，山西省儿童医院头颅胶片显示原告"蛛网膜下腔出血，双侧额颞顶皮层下白质异常信号，双侧苍白球异常信号，左顶枕部头皮血肿"。2015年11月18日的太钢总医院头颅片、2017年1月10日的山西医科大学第一医院头颅片显示原告"双侧侧脑室后角旁异常信号"。

在该案诉讼过程中,经原告申请,本院委托山西医科大学司法鉴定中心对被告在对原告母亲生产过程中是否存在医疗过错,该过错与原告主张的损害后果之间是否存在因果关系,以及医疗过错行为在原告损害后果中的过错参与程度进行医疗损害鉴定,原告支付鉴定费7000元。该鉴定中心出具山西医科大学司法鉴定中心〔2017〕临鉴字第15号鉴定书,鉴定意见为:①被告太原市尖草坪区中心医院在对原告之母张花生产的诊疗过程中存在过错。②被告太原市尖草坪区中心医院的过错行为与原告目前情况存在因果关系,医方应承担主要责任,理论值70%~80%。原告、被告对该鉴定意见均予认可。

本院认为,原告之母张花入住被告太原市尖草坪区中心医院,被告太原市尖草坪区中心医院接诊后对其进行接生手术,双方形成了医疗服务关系。被告太原市尖草坪区中心医院在接生过程中的诊疗行为存在缺陷,导致原告受到损伤,被告太原市尖草坪区中心医院的诊疗行为与原告的损伤有一定因果关系,山西医科大学司法鉴定中心作出的鉴定意见书对被告太原市尖草坪区中心医院的诊疗行为与原告的损伤存在一定因果关系及医院的过错参与程度进行了鉴定,系专业鉴定机构,原告、被告对该鉴定意见均予以认可,应予认定,故被告太原市尖草坪区中心医院对原告的损伤承担相应的赔偿责任,依据山西医科大学司法鉴定中心出具的山西医科大学司法鉴定中心〔2017〕临鉴字第15号鉴定书,本院认定被告太原市尖草坪区中心医院承担80%的赔偿责任。原告要求赔偿的医疗费,依据其提供的住院及门诊票据,经庭审认定69562.99元,被告按照80%比例赔偿原告,但应扣除被告先行支付的22000元,被告赔偿原告医疗费33650

元；原告要求赔偿的护理费，根据原告本人身体情况，认定2人护理，参照2016年度山西省居民服务业标准每人每天101元计算86天，共计17372元，被告应承担80%的责任为13898元；原告要求赔偿的住院伙食补助费，按照每天100元计算86天，共计8600元，被告应承担80%的责任为6880元；原告要求赔偿的营养费，根据原告本人身体情况，按照每天100元计算180天，共计18000元，被告应承担80%的责任为14400元；原告要求赔偿的交通费，其虽未提供相关证据材料，但结合原告就医诊疗与原告住所地的实际情况，本院酌情认定3000元；原告要求赔偿的精神损害抚慰金，因被告的诊疗行为存在过错，侵害了原告的人身权益，且对原告造成了严重的精神损害，结合原告目前身体情况，本院酌情认定10000元；原告要求赔偿的鉴定费，依据其提供的票据，本院认定7000元。依照《中华人民共和国侵权责任法》（2009年）第十六条、第二十二条、第五十四条，《最高人民法院关于审理人身损害赔偿案件适用法律若干问题的解释》（2004年）第十八条、第十九条、第二十一条、第二十二条、第二十三条、第二十四条之规定，判决如下：

一、被告太原市尖草坪区中心医院赔偿原告张某医疗费33650元、住院伙食补助费6880元、营养费14400元、护理费13898元、交通费3000元、精神损失费10000元、鉴定费7000元，各项费用共计88828元，于判决书生效后十日内付清。

二、驳回原告张某的其他诉讼请求。

如果未按本判决指定的期间履行给付金钱义务，应当依照《中华人民共和国民事诉讼法》第二百五十三条之规定，加倍支付迟延履行期间的债务利息。

案件受理费 1714 元，由被告太原市尖草坪区中心医院负担。

如不服本判决，可在判决书送达之日起十五日内，向本院递交上诉状，并按对方当事人的人数提出副本，上诉于太原市中级人民法院。

审判长　高　林

审判员　张　琴

人民陪审员　边利钢

二〇一七年三月二十六日

书记员　杨　敏

（二）案例分析

1. 思政元素

2016 年，中共中央、国务院印发《"健康中国 2030"规划纲要》。2017 年，党的十九大进一步提出"实施健康中国战略"。2023 年，党的二十大再次强调"推进健康中国建设，把保障人民健康放在优先发展的战略位置"。当前正是"两个一百年"奋斗目标的历史交汇点，在全面推进健康中国建设过程中，要建立亲和友好、平等互助、尊重团结、健康稳定的新型医患关系，提升医务人员医患沟通能力。这是推进健康中国建设的重要内容，是构建和谐社会的重要路径，关系医疗卫生事业发展，关乎人民健康福祉。

"社会和谐是中国特色社会主义的本质属性，是国家富强、民族振兴、人民幸福的重要保证。"在建设和谐中国、健康中国的过程中，医疗卫生服务水平逐渐成为人们观察经济社会发展、党风政风建设、政府管理水平、社会公平发展的"可视窗口"。

医疗卫生事业的发展是构建社会主义和谐社会的重要内容，健康、紧密、和谐的医患关系是其中不可或缺的关键因素。

在该案例中，由于被告对原告观察不仔细，未尽到应尽的责任，且未与原告进行有效沟通，导致了意外发生，给原告及其亲属造成严重的伤害。为避免医患纠纷甚至医疗损害事件的发生，加强对医患互动的科学引导、塑造健康医患关系的宣传和动员尤为重要。这是新形势下医院思想政治工作面临的重要任务，是医学职业教育回归初心使命的美好愿景，是探索健康中国建设的有效路径。在建立良好医疗秩序、和谐医患关系的过程中，党和国家紧密关注全民健康素质的提升、医疗改革的深入实施，以及医学教育管理者和执业者人文素质与医患沟通能力的培养，不断推动医学教育更好地服务社会发展，为构建和谐医患关系、和谐社会，营造有利于人民健康的环境和氛围，增进人民健康福祉提供了强大的保障。

2. 理论产出

此案例可供参考的法律为《中华人民共和国民法典》（简称《民法典》，2020年）。

"第一千一百七十九条 侵害他人造成人身损害的，应当赔偿医疗费、护理费、交通费、营养费、住院伙食补助费等为治疗和康复支出的合理费用，以及因误工减少的收入。造成残疾的，还应当赔偿辅助器具费和残疾赔偿金；造成死亡的，还应当赔偿丧葬费和死亡赔偿金。"

"第一千一百八十三条 侵害自然人人身权益造成严重精神损害的，被侵权人有权请求精神损害赔偿。

因故意或者重大过失侵害自然人具有人身意义的特定物造成严重精神损害的，被侵权人有权请求精神损害赔偿。"

"第一千二百一十八条 患者在诊疗活动中受到损害，医疗机构或者其医务人员有过错的，由医疗机构承担赔偿责任。

第一千二百一十九条 医务人员在诊疗活动中应当向患者说明病情和医疗措施。需要实施手术、特殊检查、特殊治疗的，医务人员应当及时向患者具体说明医疗风险、替代医疗方案等情况，并取得其明确同意；不能或者不宜向患者说明的，应当向患者的近亲属说明，并取得其明确同意。

医务人员未尽到前款义务，造成患者损害的，医疗机构应当承担赔偿责任。"

此案例可供参考的司法解释为《最高人民法院关于审理人身损害赔偿案件适用法律若干问题的解释》（2022年）。

"第八条 护理费根据护理人员的收入状况和护理人数、护理期限确定。

护理人员有收入的，参照误工费的规定计算；护理人员没有收入或者雇佣护工的，参照当地护工从事同等级别护理的劳务报酬标准计算。护理人员原则上为一人，但医疗机构或者鉴定机构有明确意见的，可以参照确定护理人员人数。

护理期限应计算至受害人恢复生活自理能力时止。受害人因残疾不能恢复生活自理能力的，可以根据其年龄、健康状况等因素确定合理的护理期限，但最长不超过二十年。

受害人定残后的护理，应当根据其护理依赖程度并结合配制残疾辅助器具的情况确定护理级别。"

"第十八条 赔偿权利人举证证明其住所地或者经常居住地城镇居民人均可支配收入或者农村居民人均纯收入高于受诉法院所在地标准的，残疾赔偿金或者死亡赔偿金可以按照其住所地或者经常居住地的相关标准计算。

被扶养人生活费的相关计算标准，依照前款原则确定。

第十九条 超过确定的护理期限、辅助器具费给付年限或者残疾赔偿金给付年限，赔偿权利人向人民法院起诉请求继续给付护理费、辅助器具费或者残疾赔偿金的，人民法院应予受理。赔偿权利人确需继续护理、配制辅助器具，或者没有劳动能力和生活来源的，人民法院应当判令赔偿义务人继续给付相关费用五至十年。"

"第二十一条　人民法院应当在法律文书中明确定期金的给付时间、方式以及每期给付标准。执行期间有关统计数据发生变化的，给付金额应当适时进行相应调整。

定期金按照赔偿权利人的实际生存年限给付，不受本解释有关赔偿期限的限制。

第二十二条　本解释所称'城镇居民人均可支配收入''农村居民人均纯收入''城镇居民人均消费性支出''农村居民人均年生活消费支出''职工平均工资'，按照政府统计部门公布的各省、自治区、直辖市以及经济特区和计划单列市上一年度相关统计数据确定。

'上一年度'，是指一审法庭辩论终结时的上一统计年度。"

3．实践推动

以新型医患关系为基础的健康中国建设，是一个系统工程。推进构建新型医患关系、促进健康中国战略推进，要依靠国民健康政策体系的建立和完善；要深化医药卫生体制改革，全面建立中国特色基本医疗卫生制度、医疗保障制度和优质高效的医疗卫生服务体系；在管理规划上要建立、健全现代医院管理制度，加强基层医疗卫生服务体系和全科医生队伍建设；要全面取消"以药养医"，健全药品供应保障制度；要坚持预防为主，倡导健康文明的生活方式。

构建和谐医患关系，需要将人文关怀融入诊疗过程的每一个环节。医护人员在为患者服务的每一个环节中，都要敬畏生命、善待患者，用一颗仁爱之心去赢得患者的理解、尊重和信任；要尊重、关心、理解、体贴患者，增强患者对医护人员的信任感和安全感，建立良好的道德良知和社会责任；要建立以患者为中心的新型医患沟通模式,对于患者提出的疑问,要耐心听、全面查、详细说。在医疗实践中,医护人员要全面提升自我,注重职业礼仪,树立健康的职业形象,交流用语通俗、易懂,交流时诚恳热情,从而体现出认真负责的态度和爱岗敬业的精神,以高尚的医德、高超的医术忠诚地服务于患者,为共建良好的医患关系与和谐社会做出应有的贡献。同时,医护人员还须对患者的就医行为提出相应的标准和规则,加强患者的就医道德义务,培养和提升患者的就医道德,引导和规范其就医行为,形成文明和谐的就医环境,建立新型、和谐、友善的医患关系。

  建设和谐医患关系离不开法律法规的保障,离不开卫生制度的支持。医疗保障是关系群众就医负担、民生福祉、社会稳定的重大制度安排。增强医患双方的法律意识,须进行预防性法治建设。要加大普法力度,加强与处理医患纠纷有关的法律法规的宣传,帮助医患双方使用法律手段来维护自己的合法权益。需要指出的是,我国现行医疗卫生法律法规的重点放在医疗机构、医疗技术等方面,在医疗服务方面还缺乏完善的法律法规,使普法工作难以增强针对性。因此,应进一步加强立法工作,完善医疗服务方面的法律法规,加强可操作性和适用性,公平公正维护医患双方利益,使医患双方在处理矛盾纠纷时有法可依,切实保障医患双方的平等地位,维护双方的合法权益。用法治思维解决医患纠纷,需要将医患双方作为平等的主体,保障医患双方的平等地位,既不能因为医护人员的专业优势而损害患者的合法权益,也不能因为担心患者聚众闹事而损害医护人员的合法权益,双方的合法权益都应依法受到保护。医患纠纷的处理应遵循公开、公平、公正、及时、便民的原则,坚持实事求是的科学态度,做到事实清楚、定性准确、责任明确、处理恰当,把诉讼方式和调解方式有机结合起来。以法治方式解决医患纠纷,一般可以采用诉讼方式。诉讼方式解决医患纠纷具有强制性,一旦定案具有不可反驳性，医患双方必须服从，必须维护法律的权威。调解方式是诉讼方式之外的一种有效的辅助解决医患纠纷的方式，有利于医患纠纷的及时解决，防止医患纠纷的激化和升级，更有利于形成和谐医患关系。

（三）模拟法庭

请根据以上案例的学习，对该案例或自行搜索相关的医患纠纷案件裁判文书进行改编，形成模拟法庭的剧本，并根据模拟法庭量化分析表（见附录一）要求开展模拟法庭活动。通过剧本的编写、演绎，使学生通过主动思考，更好地运用相关的卫生法学知识解决现实问题，也更深刻地理解我国对解决医患纠纷、保障医患权益制定的一系列法律法规、规章制度中蕴含的思政理念和元素。

四、辩论赛——医疗事故罪是否应该取消

（一）案例内容

2011年12月28日下午，已妊娠39周的陈某某来到长乐市医院，为她接诊的是当天妇科一线值班医师吴某某。接受入院检查后，陈某某入住妇产科三楼一号床，吴某某与当日值班的二线医师杨某某组成经管组，共同负责她的诊疗。当晚7点，陈某某离开医院回到家中，并于次日上午返回医院。在吴某某查房之后，陈某某进行了血常规、尿常规、凝血四项和肝肾功能等检查。

12月29日上午，陈某某的各项检查报告中"红细胞压积43.8%、纤维蛋白原5.76 g/L、白蛋白21.4 g/L、尿蛋白+3"等结果显示异常。当时，经管的两名医师都已下班轮休，未及时

主动跟踪检查结果,也没有将她作为新入院患者向下一班医师交接。

12月31日晚9点半,陈某某顺产娩出一名女婴,但产后不久便出血不止。接到助产士报告后,当晚正在值班的医师李某某赶到产房处理,并排查出血原因,及时通知了当天的二线医师王某某。其间,王某某与李某某等人对产妇进行软产道修补手术。手术结束后,产妇情况正常。随后,产妇开始接受输血,输血结束后由护士进行护理、观察。

2012年元旦凌晨2点45分,陈某某在被送回病房后又出现面色苍白,血氧饱和度快速降低。3点25分左右,护士向李某某汇报患者情况。经过观察,李某某发现产妇有生命危险,便立即向上级医师汇报病情,开始实施抢救。4点30分,陈某某被宣告死亡。

事发后,福建省医学会作出医疗事故技术鉴定意见,认为该起病例属于一级甲等医疗事故,医方承担主要责任。事故直接导致原长乐市医院共14人被处理,李某某也于2013年1月23日被吊销医师执业资格,开除党籍。

同年9月29日,吴某某、王某某和李某某三人因涉嫌医疗事故罪被移送起诉。2014年10月16日,李某某被单独提起公诉。

2017年12月4日,福州市仓山区人民法院作出一审判决,判处李某某犯医疗事故罪,免予刑事处罚。李某某不服,提出上诉。李某某认为,一审判决混淆了值班医师和住院医师的岗位职责,并且错误认定了死者陈某某患有重度子痫前期。李某某指出,陈某某在门诊产检、入院检查、分娩过程中都没有发现血压升高,不符合子痫前期重度的诊断标准,自己严格遵守了医院的规章制度和诊疗常规,尽职尽责地对产妇进行救治,不存在严重不负责任的情况。

2019年6月26日，该案件二审在福州市中级人民法院公开开庭审理。福州市中级人民法院认为，李某某不是死亡产妇的经管医师，不负有主动查看化验结果的义务，也无从将其作为重点巡视对象。在值班巡视病房的过程中，李某某已在《待产、产程观察记录》上做了记载，且在陈某某产后出血后，及时向上级医师报告，并配合进行抢救，已履行了职责。一审判决中关于李某某"严重不负责任"的评判认定存在错误。此外，从陈某某的化验结果来看，并不能预先推断出产后存在出血的可能性，且李某某在陈某某产后出血发生后的诊疗符合常规。对重度子痫前期的诊断、出血量和补液量的评估、产后出血原因，相关部分认定意见不予采信，医疗事故鉴定意见认定医方应承担主要责任，一审判决则将医方责任等同于李某某个人责任，缺乏依据。与此同时，福建省医学会医疗事故鉴定意见存在问题，不予采信。综上，二审判决认定，李某某对产妇陈某某实施的诊疗行为符合诊疗常规，不存在严重不负责任的情形，不符合《中华人民共和国刑法》（简称《刑法》）第三百三十五条规定的医疗事故罪的构成要件，原审认定事实部分错误，适用法律不当。近一年后，李某某收到了等待已久的无罪判决。

（二）案例分析

1. 思政元素

在中华人民共和国成立后相当长一段时期，医务人员在医学诊疗活动中处于主导地位，享有较大的医疗业务权利，患者听由医生的处置，加之当时社会的权利意识不强，即使出现患者因医务人员不当诊疗行为而致死、致残的严重后果，人们也往往对医务人员及其诊疗行为给予理解和信任，一般不会产生医疗纠纷，更不存在医疗纠纷矛盾激化的情形。这种较为"和谐"的医患关系一直持续到21世纪初。

工业革命的发展和医疗新技术的广泛应用,给患者带来了潜在的、新的、难以预测的风险,并导致大量的人身伤亡事件产生。在司法实践中,医疗事故引发的纠纷日益凸显,医疗逐步受到外在法规的规制,包括《刑法》在内的法律的评价自此不断介入医疗。为了正确处理医疗事故,保护患者和医疗机构及其医务人员的合法权益,2002年4月4日,国务院公布了《医疗事故处理条例》(以下简称《条例》)。《条例》第二条明确界定了医疗事故的含义,即"医疗事故是指医疗机构及其医务人员在医疗活动中,违反医疗卫生管理法律、行政法规、部门规章和诊疗护理规范、常规,过失造成患者人身损害的事故"。对于医疗事故犯罪,《条例》第五十五条规定:"医疗机构发生医疗事故的,由卫生行政部门根据医疗事故等级和情节,给予警告;情节严重的,责令限期停业整顿直至由原发证部门吊销执业许可证,对负有责任的医务人员依照刑法关于医疗事故罪的规定,依法追究刑事责任;尚不够刑事处罚的,依法给予行政处分或者纪律处分。对发生医疗事故的有关医务人员,除依照前款处罚外,卫生行政部门并可以责令暂停6个月以上1年以下执业活动;情节严重的,吊销其执业证书。"同时,第五十九条规定:"以医疗事故为由,寻衅滋事、抢夺病历资料,扰乱医疗机构正常医疗秩序和医疗事故技术鉴定工作,依照刑法关于扰乱社会秩序罪的规定,依法追究刑事责任;尚不够刑事处罚的,依法给予治安管理处罚。"

医疗关乎生死、健康及千家万户的幸福。医疗纠纷以及医疗事故的发生牵扯着社会的敏感神经,医疗事故罪的发生也具有广泛的影响力。因此,我们有必要通过法律手段正面地解决问题,积极地保护医患双方的合法权益,有时有借助《刑法》制裁加以维护的必要。《刑法》的实质是为了保护人民的利益,《刑法》的规定体现的是以人民为中心的政治方向。医疗行为以治疗人体的伤病为目的，其行为直接作用于患者的身体，在医务人员产生疏忽时则有可能造成严重后果。当患者合法权益被侵害时，《刑法》不应当寄希望于医学的进步和医务人员吸取教训以避免类似情形的再度发生，而应当积极介入，以实现公平正义。有鉴于此，我国《刑法》第三百三十五条以医疗事故罪的形式对造成就诊人死亡或者严重损害就诊人身体健康的医疗过失行为进行规制。在我国《刑法》中，这一行为被定义为"严重不负责任""造成就诊人死亡或者严重损害就诊人身体健康"的行为。正是由于《刑法》对医疗事故罪的设置，使得医疗过失行为进入《刑法》的视野。《刑法》对医疗行为进行规范，医务人员因此负有履行《刑法》所作出的训令的义务。在医疗行为中，该训令要求医务人员尽谨慎的义务，防止医疗行为侵害患者的人身权利。《刑法》的介入对该案件中医务人员施加刑罚，既能防止类似行为的再度发生，也能够使得正义回归。

2. 理论产出

从理论研究和司法实践经验来看，医疗事故罪在运行过程中产生了诸多争议。

在医疗事故罪认定方面，我国《刑法》第三百三十五条将医疗事故罪的构成要件表述为"医务人员由于严重不负责任，造成就诊人死亡或者严重损害就诊人身体健康"的行为。与日本以"业务之上的过失"描述医疗过失实行行为不同，我国《刑法》将医务人员的实行行为表述为"严重不负责任"。《最高人民检察院、公安部关于公安机关管辖的刑事案件立案追诉标准的规定（一）》将"严重不负责任"的具体表现规定为"（一）擅离职守的；（二）无正当理由拒绝对危急就诊人实行必要的医疗救治的；（三）未经批准擅自开展试验性治疗的；（四）严重违反查对、复核制度的；（五）使用未经批准使用的药品、消毒药剂、医疗器械的；（六）严重违反国家法律法规及有明确规定的诊疗技术规范、常规的；（七）其他严重不负责任的情形"。该规定以"严重违反"作为限制，很难以是否严重进行衡量，若非要衡量则势必会在客观行为的考察中引入无关的对结果或主观心态的考察。完全罗列所有"严重不负责任"行为并不现实，但开放性条款造成了立案的宽滥化，标准不统一，对医护人员来说不公平。"严重不负责任"概念的模糊，自由裁量度过大而造成的混沌空间，在该案例中引发诸多争议。

在医疗事故罪的因果关系判断上，我国《刑法》第三百三十五条中对医疗事故罪的规定中对因果关系的判断以"造成"二字明示，这就为对医疗过失行为进行评价的过程中对因果关系进行判断的必要性提供了明确依据。不仅如此，该法条还对患者"死亡"或者身体遭受"严重损害"的结果进行了明文规定，这就足以认定医疗事故罪的结果犯属性。过失类犯罪构成犯罪的前提必须要求犯罪行为与犯罪结果具有因果关系。因果关系具体包括四种情形：一因一果、一因多果、多因一果、多因多果。而医疗事故罪要求行为人的行为要达到严重不负责任的程度，即该行为是事故的主要原因或唯一原因。因此，在该案件中，福建省医学会医疗事故鉴定意见对重度子痫前期的诊断、出血量和补液量的评估、产后出血原因等方面存在问题，医疗事故鉴定意见认定医方应承担主要责任，一审判决则将医方责任等同于李某某个人责任，缺乏依据。

当下医疗事故罪的刑事违法性评价缺乏明确标准，医疗事故罪认定欠缺说服力；同时，医疗事故罪的因果关系认定主要以医学会等行政机关出具的行政鉴定意见为依据，此种做法忽视了行政鉴定意见不具备承担刑事"归责"的功能问题，混淆了行政法与刑法的差异。医疗纠纷的法律适用和合理执法，不仅涉及患者的生命健康和合法权益，也涉及医务人员的权益。因此，要对医疗事故罪进行新的思考，在最大限度地保护弱势群体患者的合法权益、保护医务人员积极性之间，找到一个合法合理、可行的平衡点。

3. 实践推动

医疗事故罪的刑事立法可从刑事立法指引、行政立法补充及司法解释量化三个方面入手进行完善。

第一，刑事立法内容可从三个方面做出适当调整。①应重构罪名，将医疗事故罪改为"重大医疗过失罪"，其罪状表述为："医务人员严重违反注意义务或偏离水准，导致就诊人死亡或者重伤的……"原罪状中"严重不负责任"之表述，因其缺乏明确性，理论研究和司法实践均已造成理解上的偏差，修改为"严重违反注意义务或偏离医疗水准"，既能与过失犯的基本构造相统一，并可实现法律用语与逻辑上的一致。②考察现行刑法的结构，科学设定相关条文，使得医疗过失作为典型的业务过失犯罪，有其合理科学之定位，从而更好规制我国大量重大医疗过失行为。③刑法不仅需要明确"严重不负责任"的含义，还需要明确这种严重不负责任的行为也有可能发生在医务人员对医疗行为进行监督指导的过程之中。居于高位的监督者对医疗行为进行全盘掌控，应当对医疗水平不足以支撑全部医疗操作的医务人员进行指导，并对团队成员的行为是否符合法律的规范进行监督。

第二，当前《条例》第五十五条指向性较为明确，明确规定"对负有责任的医务人员依照刑法关于医疗事故罪的规定，依法追究刑事责任"，但其填补刑法构成要件的功能有一定的欠缺。对此，除在条文中规定"情节严重的"之外，还可明确规定"具有足以造成就诊人死亡或者严重损害就诊人身体健康风险或造成就诊人死亡或者严重损害就诊人身体健康的"，确保能够更好地发挥筛选和初次评价功能，避免将立法中仅违反行政管理秩序而不具有法益侵害性或风险的行为不当涵摄入犯罪构成要件的范围。

第三,司法解释可适当调整入罪情形,减少价值评价因素,根据已有行政立法及刑事立法规定设置定罪量刑标准。可在当前的规定中增加一般性说明,即"具有足以造成就诊人死亡或者严重损害就诊人身体健康风险的下列情形之一的……"明确只有行为本身能够直接创设或增加造成医疗事故结果的风险时,才值得作为入罪的情形进行评价。

(三)课堂辩论赛

关于该辩论题目,请学生选择正方或反方,搜集我国法律依据,以及国内外相关法律、制度和案例,对其合理性、科学性等进行辩论。在辩论过程中或点评时,教师可以引入上述思政元素,引导学生思考和交流。

正方:医疗事故罪应该取消。

反方:医疗事故罪不应该取消。

参考文献

[1] 常非凡,林坤. 公共卫生应急管理短板如何补 [J]. 人民论坛,2020(14):104-105.

[2] 陈卓. 医疗事故罪司法认定的问题、原因与对策 [J]. 昆明理工大学学报(社会科学版),2022,22(3):8-18.

[3] 付子堂. 法治精神是"抗疫精神"的重要元素 [N]. 法制日报,2020-05-20(9).

[4] 龚英,何彦婷,曹策俊. 面向重大公共卫生风险治理的应急物流协同演化仿真 [J]. 计算机应用,2021(9):2754-2760.

[5] 胡汝为. 国家治理能力现代化框架下的公共卫生应急管理体系研究 [M]. 北京:中国社会科学出版社,2021.

［6］韩文龙，周文. 国家治理体系与治理能力现代化视角下构建公共卫生应急管理协同治理体系的思考［J］. 政治经济学评论，2020（6）：75-94.

［7］洪艺洋，杜雨桐. 和谐社会视角下医患关系现状分析与思考［J］. 中国农村卫生，2019（13）：14-16.

［8］贾艳，朱士俊，卢祖洵. 北京市公立医院医防融合的现状及对策探讨［J］. 中国医院管理，2021（3）：94-96.

［9］江必新. 用法治思维和法治方式推进疫情防控工作［J］. 求是，2020（5）：28-34.

［10］李方超. 医疗事故罪中医疗过失行为研究［D］. 长春：吉林大学，2019.

［11］刘江华. 构建新型医患关系赋能健康中国建设［J］. 人民论坛，2021（33）：86-88.

［12］刘茜，蒲川. 基于重大疫情防控的医防融合策略研究［J］. 现代预防医学，2021（8）：1426-1429.

［13］孙海婧. 重大突发公共卫生事件应急响应的协同治理模式研究［J］. 医学与法学，2021（2）：1-7.

［14］谈在祥. 我国刑事医疗过失犯罪判决的实证研究［J］. 证据科学，2014，22（3）：346-359.

［15］田玉麒，张贤明. 突发公共卫生事件协同治理的生成逻辑与实践机理［J］. 福建师范大学学报（哲学社会科学版），2020（4）：50-55，64，170-171.

［16］王道斌，等. 医患关系50年变迁史还原：体制不健全致关系变差［EB/OL］.（2013-11-18）［2023-03-15］. https://news.sina.com.cn/c/2013-11-18/031928735857.shtml.

［17］王新宇，吴寰宇. 践行医防融合，提升新发和输入性传染病防治能力［J］. 上海预防医学，2022（1）：7-11.

［18］卫佳铭. 产科医生李建雪的无罪之路：历时8年，二

审认定诊疗行为合规［EB/OL］（2020-06-12）［2023-03-15］. https://www.thepaper.cn/newsDetail_forward_7801412.

［19］习近平. 全面提高依法防控依法治理能力 健全国家公共卫生应急管理体系［J］. 求是，2020（5）：4-8.

［20］新华社. 全面提高依法防控依法治理能力 为疫情防控提供有力法治保障［N］. 中国青年报，2020-02-06（1）.

［21］徐明，李梦阳. 医疗纠纷的刑事责任问题研究［J］. 中南民族大学学报（人文社会科学版），2016，36（5）：100-104.

［22］薛澜，沈华. 五大转变：新时期应急管理体系建设的理念更新［J］. 行政管理改革，2021（7）：51-58.

［23］阎升光，何丽娟，朱勇. 以法治思维构建和谐医患关系［N］. 人民日报，2017-07-28（7）.

［24］余向阳. 疫情之下人民法院应充分彰显司法的"演变"［J］. 人民法制报，2020-04-10（5）.

［25］张海波，童星. 中国应急管理结构变化及其理论概化［J］. 中国社会科学，2015（3）：58-84.

［26］DUFF J H, LIU A, SAAVEDRA J, et al. A global public health convention for the 21st century［J］. The lancet public health, 2021（6）: e428-e433.

［27］EYSENBACH G. How to fight an infodemic: the four pillars of infodemic management［J］. Journal of medical internet research, 2020, 22（6）: e21820.

［28］SCHALKWYK M C I, PETTICREW M, CASSIDY R, et al. A public health approach to gambling regulation: countering powerful influences［J］. The lancet public health, 2021（8）: e614-e619.

［29］WOOD D J, GRAY B. Toward a comprehensive theory of collaboration［J］. The journal of applied behavioral science,

1991，27（2）：139-162.

附录一 模拟法庭量化评分表

卫生法学模拟法庭评分表

	评分栏	细则	分数	得分（满分100分）
赛前准备	准备工作	1. 能够积极主动讨论案情，剧本合理，资料准备充分 2. 能够较好分工，团体精神良好 3. 案情能反映本专业特色 4. 能主动向专业人员和学长请教	15	
赛时风采	代理词（公诉词）	1. 代理词（公诉词）事实关系简练清晰，法律关系清楚 2. 宣读者普通话标准，口齿清晰，声音洪亮，有感情	15	
	举证、质证环节	1. 举证方的证据确凿有力 2. 质证善于发现证据的事实效力，并提出强有力的推翻理由 3. 若出示明显的、违法的假证据或是牵强编造证据的，倒扣分	15	
	提问环节	1. 提问方，问题有针对性击中要害，回答专业，确凿有力 2. 回答方，言简意赅，事实清楚	10	
	辩论环节	1. 紧扣案情及法律依据 2. 表达清楚，语言简练易懂 3. 逻辑推理能力强，善于抓住对手的漏洞及矛盾 4. 每组的每位成员必须发表自己的辩论意见，针锋相对，法律理论的支持和逻辑关系均明确	20	

续上表

	评分栏	细则	分数	得分（满分100分）
赛时风采	审判流程	1. 符合诉讼法的要求并展示清晰 2. 合议庭法官表述专业 3. 法庭布置准确，肃穆威严，控制得当	10	
	仪态与风采	1. 注意仪表，特别是手势运用得当 2. 语言文明，着装得体 3. 带入感情进行比赛，但切忌过于激动或过于形式化	10	
	临场发挥	对突发性事件的应变能力，如在质证和辩论中遭遇对方反诘时的应对是否机敏、沉着，遇到法庭干扰时是否按程序冷静处理	5	
	综合印象	从准备到结束的所有表现，是否呈现完整的案件审判流程，事实清楚，证据确凿，演示熟练，掌握卫生法学基本理论并运用于实践	附加分10分	
总分				

（胡汝为　刘汝青　霍泳珺）

第五章　健康教育学教学案例选编

第一节　课程思政教学设计

一、案例教学适用范围

本案例适用于"卫生管理学"本科生和研究生课程中,健康教育学相关章节的教学。

二、课程教学目标

1. 知识目标

(1) 理解社区与组织机构改变理论、社会动员与社区参与理论、理性行动与计划行为理论、健康场所建设的内涵。

(2) 掌握行为改变的基本理论、健康教育与健康促进的基本方法。

2. 能力目标

(1) 培养学生对卫生健康的基本态度,突出健康教育学基本理论与基本技能的培养。

(2) 结合"健康中国"建设、国家发展规划纲要及重要战略等思政元素,力求将健康教育学本身的理论融入学生的公共卫生思维方式养成过程中，为未来实施公共卫生干预项目打下扎实的理论和技能基础。

3．价值目标

（1）理解建设健康城市是实现高水平全面建成小康社会的重要内容，是打造美丽中国样本的重要保障，对巩固国家卫生城市建设成果、提高市民健康水平具有重要意义。

（2）理解爱国卫生运动是党和政府把群众路线运用于卫生防病工作的伟大创举和成功实践，是中国特色社会主义事业特别是公共卫生工作的重要组成部分。这一运动是将我国的政治优势、组织优势、文化优势特别是群众运动优势转化为不断增进人民群众健康福祉的具体行动。

（3）理解积极推进《健康中国行动（2019—2030年）》心理健康促进行动和《健康中国行动——儿童青少年心理健康行动方案（2019—2022年）》的重要意义。

（4）理解"建立健全健康促进与教育体系，提高健康教育服务能力"是实现全方位、全周期维护和保障人民健康，大幅提高健康水平，显著改善健康公平，以及实现"两个一百年"奋斗目标和中华民族伟大复兴的中国梦的坚实健康基础。

三、教学方法

本章的案例课程教学可采用翻转课堂、案例教学和讨论式教学等多种方法。学生提前查找资料和分组讨论案例，线下理论课程授课可充分结合教师讲授、小组案例讨论、学生分享等授课形式。教师提出讨论问题，将课程教学的知识目标、能力目标和价值目标融入案例讨论。理论联系实际，提高学生学习的积极性和主动性。同时，学生沉浸式分析健康城市建设、爱国卫生运动、网络成瘾预防、健康教育基地等案例，并通过小组讨论，融入课程教学的知识目标、能力目标和价值目标，为未来实施公共卫生干预项目打下扎实的理论和技能基础。

第二节 课程思政案例及分析

一、健康城市建设

（一）案例内容

杭州市位于中国东南沿海，是浙江省省会，自古就有"人间天堂"的美誉，目前拥有西湖风景区和京杭大运河两处世界遗产。进入21世纪以来，随着城镇化进程的快速发展，杭州市城市规模急剧扩张，人口数量快速上升。杭州市随之而来的环境负荷超限、公共设施滞后、社会保障不足、慢性病高发等各种"城市病"的问题日渐严峻，开始制约城市经济社会发展。2004年，杭州市委市政府开始探索建设健康城市的可行性，并于2008年正式启动了健康城市建设工作。

依据《渥太华宪章》（*Ottawa Charter*）提出的"健康促进"的三大工作策略和五大优先工作领域，杭州市委市政府确定了"七个人人享有"的总体建设目标和六大建设任务。在人群指标方面，到2015年，人均期望寿命达到81岁，婴儿死亡率控制在3/10万以下，孕产妇死亡率控制在5/10万以下。在环境指标方面，全年空气质量优良天数比例在90%以上；集中式饮水水源地水质合格率达到100%；生活垃圾无害化处理率达到100%；生活污水集中处理率在90%以上；重点企业工业污水排放达标率在90%以上；人均公园绿地面积在15平方米以上；人均体育设施用地面积在1.5平方米以上。在服务指标方面，每千人拥有医疗床位数在7张以上；每千人拥有执业医师数和每千人拥有执业护士数在4人以上；每百名老人拥有养老机构床位数达到4张。在社会指标方面，城乡居民基本医疗保险参保率在98%以上；亿元GDP安全生产事故死亡率控制在0.1人/亿元以下；各类加工食品监测合格率和各类农产品监测合格率在95%以上。

杭州市委市政府先后印发了《杭州市建设健康城市三年（2008—2010年）行动计划》和《健康杭州"十二五"规划》。杭州市机构编制委员会办公室批准成立杭州市健康城市建设指导中心，负责组织全市健康城市建设技术指导工作。

1. 营造健康文化

围绕"整合资源平台、弘扬和谐人文、倡导自我管理、提升健康素养"四个方面开展健康文化建设工作，突出"道德健康"，打造杭州健康文化品牌。杭州市市民公共文明综合指数处于较高水平。

2. 改善健康环境

（1）健康城市空间规划。杭州市政府制定了《杭州市城市总体规划（2001—2020年）》，并完成了健康城市空间规划研究，先后对城市绿地、公共开放空间、道路交通、公共服务设施、居住空间、环卫设施、城市美学七大系统提出了行动建议。

（2）加强重点水域保护。杭州市出台了《杭州市生活饮用水源保护条例》，全市河道完成"一河一策"编制，建成了一批从劣Ⅴ类恢复到Ⅲ类水体的生态示范河道，沿线居民对黑臭河治理效果满意率达95.81%。

（3）综合改善大气质量。杭州市政府实施了杭州市大气环境整治灰霾天气专项整治工程。

（4）美化生态人居环境。杭州市先后实施了西湖、西溪湿地、运河、市区河道综合保护工程，以及旧城改造、庭院改善、

"三江两岸""五水共治"等重点工程,建成了一大批精品城市绿化项目。大量公园绿地、健康步道、亲水平台等游憩场所,已成为广大群众娱乐健身、观赏景色、骑车漫游的重要场所。

(5) 生活垃圾处理。杭州市政府全面推行生活垃圾分类收集处理。主城区范围内基本实现了生活小区的全覆盖,生活垃圾无害化处理率达100%。

(6) 农贸市场改造。杭州市政府对市区农贸市场进行提升改造工程,彻底解决农贸市场"脏、乱、差"和"湿、腥、臭"状况。针对活禽销售和宰杀区污水处理等问题进行硬件提升改造,实现"废水、废气、废物"统一规范化处置。同时,积极发挥市场宣传和教育作用,将农贸市场打造成为传播健康知识的平台。

(7) 推行并完善公共自行车租赁系统。杭州市在全国率先运行公共自行车租赁系统,方便了市民绿色出行,缓解了城市交通"两难"现象,解决了公交出行"最后一公里"问题。

3. 优化健康服务

(1) 中小学生牙齿保健。自2009年起,杭州市政府以发放健康券的形式为中小学生进行免费的口腔保健服务,服务项目包括防龋齿窝沟封闭、局部用氟防龋和早期龋的预防性治疗。

(2) 健康支持工具进万家。杭州市政府向全市家庭赠送健康生活用品"五件套"(控油壶、限盐勺、体重尺、围裙、市民健康读本),倡导广大市民养成良好的健康生活行为方式。

(3) 智慧医疗优化健康服务。杭州市智慧医疗模式实现"全院通"智慧结算、"全城通"智慧应用、"全自助"智慧服务,实现了市属医院智慧结算全覆盖,大大优化了诊疗和结算流程。

4. 培育健康人群

(1) 推进学校体育设施向社会开放。杭州市政府全面推进中小学校体育场地设施向社会开放工作，所有具备开放条件的中小学校已经百分之百向社会开放体育设施。

（2）加强全民健身工程建设。杭州全市人均健身场地面积列全省首位，社区体育健身设施达到全覆盖。

（3）广泛开展全民健身活动。杭州市每年组织举办万人健康跑、横渡钱塘江、环湖跑、运河健步走等具有一定规模的传统品牌群众体育活动。目前，全市已基本形成具有经常性、基层性、传统性、品牌性、国际性、广泛性等特色的全民健身活动模式。

（4）深化健康素养基本知识与技能的传播行动。为了向公众广泛传播健康素养基本知识和技能，杭州市开设"健康杭州网"，编印《杭州市民健康知识读本》和《杭州农村居民健康知识读本》，出版《家庭健康管理宝典》等科普宣传读物，定期交替举办市民健康知识电视大赛和健康教育技能比武大赛。

5. 发展健康产业

（1）建章立制，明确一批健康服务业发展产业集群。杭州市政府出台了《杭州市人民政府关于促进健康服务业发展的实施意见》，各区县同时启动了健康服务业发展集聚区规划与建设工作。

（2）医药产业规模稳步扩大，通过实施《杭州市生物医药产业创新发展三年行动计划（2013—2015）》等，疗养产业优势体现。

6. 构建健康社会

（1）推进健康细胞工程建设。全市重点推进社区、村、家庭、学校、机关、医院、商场、企业、景点、宾馆、餐馆、市场12类健康单位建设，在倡导健康生活方式、构建健康社会方面起到了良好的带头示范作用。

（2）推动食品安全统筹监管。杭州市政府每年与各级地方政府以及市级有关部门签订目标责任书，将食品安全工作纳入市、县、乡三级政府综合目标考核，落实了食品安全地方政府及监管部门责任制度和责任追究制。

（二）案例分析

1. 思政元素

20世纪80年代，面对城市化问题给人类健康带来的挑战，世界卫生组织倡导开展以建设健康城市为重点的全球性战略活动。作为卫生城市升级版的健康城市，是指从城市规划、建设到管理各个方面都以人的健康为中心，保障广大市民健康生活和工作，成为人类社会发展所必需的健康人群、健康环境和健康社会有机结合的发展整体。建设健康城市是实现高水平全面建成小康社会的重要内容，是共建共享东方品质之城、打造美丽中国样本的重要保障，对巩固国家卫生城市建设成果、提高市民健康水平具有重要意义。

2. 理论产出

该案例体现了社区组织理论的实践应用。社区组织是指协助社区中的群体或成员，共同解决所面临问题的过程，即根据本社区的实际情况界定面临的问题，设定计划目标，规划解决策略，动员与组织社区成员积极参与，充分运用社区内外资源开展行动和评估执行效果等步骤，旨在解决社区共同问题，发展社区合作精神，提高居民生活素质，促进社区建设。社区组织既是一种解决问题的方法，也是一个解决问题的过程。社区组织在发展过程中形成了一些理论模型，帮助健康教育与健康促进工作者组织社区中关键性的成员和团体，处理社区组织与环境的关系。

3. 实践推动

社区组织隐含的意义是增权，其实践意义在于增强解决自身健康问题能力的过程。社区组织理论以生态学、社会系统论、社会网络和社会支持等理论为基础,强调社区组织识别、评估和解决人群健康问题,动员资源,以推动社会发展和目标实现。

(三) 课堂讨论

(1) 健康城市建设有哪些主要目标?

在人群指标方面,到 2015 年,人均期望寿命达到 81 岁,婴儿死亡率控制在 3/10 万以下,孕产妇死亡率控制在 5/10 万以下。

在环境指标方面,全年空气质量优良天数比例在 90% 以上;集中式饮水水源地水质合格率达到 100%;生活垃圾无害化处理率达到 100%;生活污水集中处理率在 90% 以上;重点企业工业污水排放达标率在 90% 以上;人均公园绿地面积在 15 平方米以上;人均体育设施用地面积在 1.5 平方米以上。

在服务指标方面,每千人拥有医疗床位数在 7 张以上;每千人拥有执业医师数和每千人拥有执业护士数在 4 人以上;每百名老人拥有养老机构床位数达到 4 张。

在社会指标方面,城乡居民基本医疗保险参保率在 98% 以上;亿元 GDP 安全生产事故死亡率控制在 0.1 人/亿元以下;各类加工食品监测合格率和各类农产品监测合格率在 95% 以上。

(2) 健康城市建设在社区层面应如何组织实施?

第一,发现问题:察觉社区层面目前存在的问题,发起健康社区行动。

第二,进入社区:了解社区特有的文化习俗和政治氛围,联系社区"守门人",如社区负责人、街道或居委会主任等极具影响力的社区人物。

第三,组织居民:争取社区成员的支持,招募更多成员,扩大健康城市建设活动社区参与的规模。

第四,评估社区:通过资料收集与分析过程,找出并界定社区亟待解决的问题，同时评估社区资源。

第五，决定优先顺序并设定目标：通过社区参与进行问题选择，确定优先解决的议题。

第六，寻求解决方案：利用头脑风暴法等方法鼓励参与成员提出解决问题的各种思路，在充分讨论和形成共识的基础上决定策略组合。

第七，执行计划、评价成效、维持效果和循环不断：确立计划目标及策略组合后需执行、评价及维持，将结果反馈到开始阶段作为下一次执行社区评估的基础，形成循环，推动健康城市建设。

（3）在健康城市建设中如何体现社区组织理论？

健康城市建设运用社区组织理论，以生态学、社会系统论、社会网络和社会支持等理论为基础，强调社区组织对识别、评估和解决人群健康问题的作用，动员资源，以推动社会发展和目标实现，提高市民健康水平。社区组织指协助社区中的群体或成员，共同解决所面临的问题，即根据本社区的实际情况界定面临的问题，设定计划目标，规划解决策略，动员与组织社区成员积极参与，充分运用社区内外资源开展行动和评估执行效果等，旨在解决社区共同问题，发展社区合作精神，提高居民生活素质，促进社区建设。社区组织既是一种解决问题的方法，也是一个解决问题的过程。社区组织在发展过程中形成了一些理论模型，帮助健康教育与健康促进工作者组织社区中关键性的成员和团体，处理社区组织与环境的关系。

二、爱国卫生运动

(一) 案例内容

爱国卫生运动是具有中国特色的卫生工作方式,被世界卫生组织誉为"中国的国宝"。中华人民共和国成立以来,在党中央、国务院和地方各级党委、政府的领导下,在社会各界和广大人民群众的支持和参与下,爱国卫生工作在我国社会主义建设的各个时期发挥了巨大作用,逐步形成了"政府组织,属地管理,分级负责,部门协调,全民参与,科学治理,社会监督,分类指导"的工作方针,通过宣传普及卫生常识、开展创建卫生城镇和改水改厕、除害防病、改善城乡环境卫生状况等,对保护人民群众身体健康、促进经济建设和社会发展发挥了重要作用。

1. 爱国卫生月活动案例一

为进一步增强人民群众的卫生意识、文明素质,提高环境卫生水平,2022年4月,安徽省绩溪县伏岭镇以"文明健康、绿色环保"为主题,采用多种形式开展爱国卫生月活动。

(1) 开展爱国卫生宣传活动。伏岭镇卫生健康办公室组织各村充分利用橱窗、板报、标语、宣传单以及开展健康咨询活动等方式,对开展第34个爱国卫生月活动的重要意义以及健康知识进行宣传;利用微信以及组织工作人员进村入户的方式,开展文明健康绿色环保生活方式问卷调查工作,完成调查问卷40余份,在各村营造出良好的健康舆论氛围。

(2) 组织"绿色家园齐守护"卫生清洁行动。结合新时代文明实践活动,组织发动镇村干部、全体党员、志愿者积极参与环境整治活动。在活动期间共出动近500人次,采取分地段、分部门包干方式,开展了两次消除白色垃圾、治理污染和街面卫生大整治活动，对镇村的交通、卫生、市场秩序进行进一步整治。通过整治，伏岭镇环境质量、卫生质量得到明显提高，农村垃圾乱倒、粪土乱堆、污水乱泼、柴草乱堆、杂物乱摆的"五乱"现象得到一定程度的改善。

（3）开展春季除"四害"集中行动。伏岭镇以春季灭鼠为重点，在全镇范围内统一开展了一次灭鼠活动。为各村购灭鼠药10斤，按照爱国卫生活动的要求实施灭鼠活动，采取科学灭鼠投药程序，确保灭鼠药使用安全。在重点灭鼠的同时，开展了春季灭蚊、灭蝇、灭蟑螂活动，有效地预防了疾病的发生和流行，保护了人民群众的身体健康。

2．爱国卫生月活动案例二

为引导群众践行文明健康绿色环保生活方式，筑牢疫情常态化防控社会大防线，2022年4月，河南省荥阳市高村乡围绕"文明健康绿色环保"主题开展了爱国卫生月系列活动。

（1）积极宣传、广泛发动。高村乡认真组织开展了爱国卫生月及各类卫生宣传活动。发动群众参与线上及线下健康科普知识问答，大力普及健康知识。通过会议、宣传标语、宣传栏、微信群、广播、LED显示屏等方式，持续提高群众对文明健康绿色环保生活方式的认识，提高全民爱国卫生意识，促进人民身心健康。

（2）持续开展"清洁家园"行动。高村乡30个行政村闻令而动，党建引导党员先行，积极开展"清洁家园"行动，清脏治乱，拆除违建，清理残垣断壁。全乡投入劳动力1200余人次，投入钩机、铲车等大型机械15辆次，投入大小运输车1000余辆次，清理生活、建筑垃圾150处，整治广告牌、广告栏25个，新增绿化面积1500余平方米。

（3）开展病媒生物防治活动。①通过广播、微信群、宣传单等多种形式，广泛宣传病媒生物防治工作的内容和意义，引导广大群众积极参与。②开展以灭鼠灭蚊为重点的病媒生物集中消杀活动。全乡30个行政村共投放鼠药120公斤、投放点位60个、灭鼠32只，同时开展卫生大扫除，对辖区公共场所、卫生责任区、各行政村主次街道、房前屋后的环境卫生进行清理，铲除蚊虫滋生的环境，有效降低了病媒生物密度，保障了人民群众身心健康。

3. 爱国卫生月活动案例三

为大力倡导园区全体干部职工和广大群众积极参与爱国卫生运动，自觉践行文明健康、绿色环保的生活方式，2022年4月，湖南省浏阳市大围山镇大围山国家森林公园开展了以"文明健康绿色环保"为主题的爱国卫生月系列活动。

（1）做好宣传发动，倡导文明健康生活。为确保爱国卫生月活动顺利开展，管理处组织园区全体干部职工和入园企业工作人员召开了专题会议，制订了工作方案。通过利用森林公园大门的电子显示屏和各入园企业的LED显示屏滚动宣传和在各入园窗口发放宣传材料等方式宣传"文明健康绿色环保"等爱国卫生月主题内容，引导广大群众继续推广保持社交距离、使用公勺公筷、科学佩戴口罩、分类投放垃圾、禁食野生动物等健康生活方式。倡导"绿色出行""光盘行动""分餐公筷""垃圾分类""健康长跑"等行动，带动身边人共同践行文明卫生、健康低碳环保的生活方式，形成人人动手、人人参与爱国卫生月统一运动的良好氛围。

（2）积极开展疫情防控和环境整治工作。通过强化入园窗口和景区游览管理，每天做好公共区域环境清理整治、消毒等工作，确保疫情防控工作有序开展。认真开展辖区环境卫生整治，通过动员全体干部职工、园区企业从业人员开展环境治理，做好园区卫生死角、垃圾池周围、办公楼的公共厕所、公共场所等处的"四害"清除活动，防止疾病传播；与园区企业、门店商户签订《文明经营承诺书》42份，深入开展了违章建筑、管网线路、户外广告和标牌整治行动；对园区开展了室外菜地清理整治行动，禁止园区各宾馆、酒店等经营者，以及小区住户在可视范围内种菜；加强对游客不文明行为的劝导工作，倡导游客自觉爱护园区环境，做到不乱扔、乱倒、乱写、乱画、乱张贴，为广大游客提供一个舒适温馨、干净整洁的旅游环境。

通过开展爱国卫生月活动，全体干部职工和广大群众的爱国卫生责任意识得到提升，"文明健康绿色环保"生活理念深入人心，大家争做爱国卫生运动的积极参与者、文明创建成果的坚定捍卫者、健康生活方式的自觉践行者，切实巩固了园区环境卫生和疫情防控成果。

（二）案例分析

1. 思政元素

爱国卫生运动是党和政府把群众路线运用于卫生防病工作的伟大创举和成功实践，是中国特色社会主义事业特别是公共卫生工作的重要组成部分。这一运动是将我国的政治优势、组织优势、文化优势特别是群众动员优势转化为不断增进人民群众健康福祉的具体行动。做好新时期的爱国卫生工作，是坚持以人为本、解决当前影响人民群众健康突出问题的有效途径，是改善环境、加强生态文明建设的重要内容，是建设健康中国、全面建成小康社会的必然要求。

2. 理论产出

该案例体现了社会动员与社区参与理论的实践应用。社会动员是通过采取一系列综合的、高效的动员社会成员的策略和方法，促使社会各阶层广泛主动地参与，把健康教育与健康促进目标转化为满足广大社区居民健康需求的社会目标，并转变为社区成员共同的社会行动，进而实现这一社会健康目标的过程。社区参与是指社区行政领导和居民共同参与社区健康教育，参与健康教育决策，参与健康教育行动，参与健康教育评估和管理。健康教育与健康促进是系统的社会活动，其成败的关键之一是能否取得决策部门的重视和支持、能否争取各有关部门的协作配合和广大社区成员的积极参与。

3. 实践推动

通过广泛开展爱国卫生运动，城乡环境卫生条件明显得到改善，影响健康的主要环境危害因素得到有效治理，人民群众文明卫生素质显著提升，健康生活方式广泛普及，有利于健康的社会环境和政策环境进一步改善，重点公共卫生问题防控干预取得明显成效，城乡居民健康水平得到明显提高。

（三）课堂讨论

（1）爱国卫生运动的主要目标是什么？

通过广泛开展爱国卫生运动，使城乡环境卫生条件得到明显改善，影响健康的主要环境危害因素得到有效治理，实现人民群众文明卫生素质的显著提升及健康生活方式的广泛普及。同时，进一步改善健康的社会环境和政策环境，使重点公共卫生问题防控干预取得明显成效，城乡居民健康水平得到明显提高，从而促进经济建设和社会发展。

（2）在上述爱国卫生运动案例中，动员了哪些人群？

爱国卫生运动案例一的动员人群包括：伏岭镇卫生健康办公室工作人员、镇村干部及各村卫生工作者、全体党员及志愿者、广大群众。

爱国卫生运动案例二的动员人群包括：高村乡卫生工作人员、全体党员、广大群众。

爱国卫生运动案例三的动员人群包括：大围山国家森林公园园区全体干部职工、园区企业工作人员、广大群众。

(3) 在上述爱国卫生运动案例中，采取了哪些方法和技术？

上述爱国卫生运动案例体现了健康教育与健康促进中社会动员与社区参与理论的实践应用。社会动员是通过采取一系列综合的、高效的动员社会成员的策略和方法，促使社会各阶层广泛主动地参与，把健康教育与健康促进目标转化为满足广大社区居民健康需求的社会目标，并转变为社区成员共同的社会行动，进而实现这一社会健康目标的过程。社区参与是指社区行政领导和居民共同参与社区健康教育，参与健康教育决策，参与健康教育行动，参与健康教育评估和管理。爱国卫生运动通过社会动员与社区参与，取得了决策部门的重视和支持，争取了各有关部门的协作配合和广大社区成员的积极参与，有效解决了影响人民群众健康的突出问题。

三、网络成瘾预防

（一）案例内容

随着网络信息技术的发展，网络成瘾问题日益引起全社会的关注。网络成瘾不仅危害青少年个体的身心健康及社会功能，还影响了家庭幸福及社会安定。"防患于未然"，"治未病，不治已病"，网络成瘾的预防工作尤为关键。

1. 网络成瘾预防案例一

2021年，为树立以"健康的习惯、健康的心理、健康的身体"为核心的健康教育理念，针对节假日期间如何预防和制止未成年人沉迷网络游戏等不良行为，山东省莱西市卫生健康局（简称"卫健局"）积极协助市教育体育局（简称"教体局"）开展预防未成年人网络沉迷宣传教育活动。

(1) 组建宣讲医疗团队。结合青少年现实情况，莱西市卫健局从医疗机构及其他单位选拔120名心理专家,从网络沉迷危害方面入手,组织宣讲材料,制作生动形象的图文让大家了解当下流行的网络游戏和视频应用软件,引出当今存在的各类网络安全问题。为了让孩子们更直观地了解网络成瘾对未成年人身心健康造成的严重危害,志愿者查找了若干的预防网络沉迷的资料,列举出一个个真实的案例,让孩子们深入了解网络成瘾是什么、网络成瘾的主要表现等,引导孩子们在上网学习、娱乐时,不登录、不浏览未成年人不宜的网站,不参与不良网络游戏,自觉控制上网时长,自觉抵制不良信息。前期工作的积累为下一步预防未成年人网络沉迷宣讲打下了坚实的基础。

(2)加强宣传教育。开展专家与学生、专家与家长面对面宣传预防未成年人网络沉迷教育活动。2021年11月,莱西市卫健局积极与教体局对接,联合开展"莱西市预防未成年人网络沉迷宣传教育进校园"活动,在市职业中专、济南路中学、望城中心小学、第二实验小学、莱西二中分别举办以"寻找你的诗和远方"为主题的讲座,共发放《心理健康知识手册》1600余份。讲座内容丰富、互动良好、场面活跃,得到在校师生和家长的一致好评!这为关心爱护未成年人的健康成长奠定了网络空间正能量传播的基础,为形成风清气正的网络氛围做出了贡献。

(3)加强组织协调,推进青少年沉迷网络游戏危机干预。充分利用政务新媒体,积极开展"未成年人网络安全"宣传引导,在"健康莱西""莱西市教育和体育局"等公众号陆续发布《莱西市卫生健康局致全市未成年人预防网络沉迷的一封信》《你我手拉手呵护"心"健康——致老师的一封信》《心有暖阳何惧风霜——给学生的一封信》《关注孩子心理健康用爱陪伴共同成长——致广大家长朋友的一封信》《学生心理保健手册》等关于网络安全的宣传内容,提高全市青少年的心理健康知识知晓率。推广心理危机干预热线电话,做好青少年心理危机干预工作。

2. 网络成瘾预防案例二

为引导广大中学生科学认识、正确对待、合理使用网络，有效预防未成年人沉迷网络游戏及网上过度消费等不良行为，2022年6月10日，山东省泰安市卫生健康委员会邀请泰安市精神病医院青少年心理专家走进学校，面向学生、教师开展"谈健康上网，远离网瘾"主题讲座。

心理专家通过案例和理论相结合的方式，针对中学生的年龄和心理特点，围绕网络成瘾的危害、界定、类型、成因及青少年如何正确使用网络等问题为在校学生和教师进行了深入浅出的讲解，向他们讲解在日常生活和学习中如何正确使用网络，如何提高自身网络安全防范意识，自觉抵制网络不良信息和不法行为，远离沉迷网络游戏等不良行为。同时，专家还呼吁学生做文明、健康上网的倡导者、践行者和传播者，共建网络安全，共享网络文明。

活动中，医院心理专家和志愿者还组织部分学生开展"松鼠搬家""人椅""蜈蚣翻身""坐地起身"等室外团体心理游戏。几个团体心理游戏分别从人际交往、竞争与合作、相互激励、团结协作等方面给予青少年正面、积极的引导。团体心理游戏可以让学生在游戏中充分表现最真实的自我，同时让学生在与团队成员的相互交流和沟通学习中得到启发，学会正确地认识自我并学会处理自身的一些问题，对促进学生的健康发展有着重要意义。同时，团体心理游戏能挖掘青少年的个人潜能和提高青少年自我意识，有助于增进青少年的团队协作意识、改善青少年的人际关系，有利于提高青少年心理健康水平和社会适应能力。

（二）案例分析

1. 思政元素

随着互联网技术迅速发展，线上形式的生活、学习和工作已经与人类活动密不可分，形成和发展健康的网络使用模式具有十分重要的意义。开展网络成瘾预防活动，是积极推进《健康中国行动（2019—2030年）》心理健康促进行动和《健康中国行动——儿童青少年心理健康行动方案（2019—2022年）》的重要内容之一。《健康中国行动（2019—2030年）》提出了"合理、安全使用网络，增强对互联网信息的辨别力，主动控制上网时间，抵制网络成瘾"的重要目标。《健康中国行动——儿童青少年心理健康行动方案（2019—2022年）》提出了将"教育引导儿童青少年安全合理使用电脑和智能终端设备，预防网络沉迷和游戏障碍"作为具体行动内容之一。

2. 理论产出

该案例体现了理性行动与计划行为理论的实践应用。理性行动理论包括信念、态度、意向和行为。其中，信念可分为行为信念和规范信念。理性行动理论认为，行为意向是直接决定行为的重要要素，而个体行为意向受到个体实施行为的态度和与行为有关的主观规范的影响。该理论针对人的认知系统，阐明了行为信念、行为态度和主观规范之间的因果关系。计划行为理论是在理性行动理论运作框架中，考虑到个体不可能完全用意志控制行为的情形，而引入感知行为控制要素的一种理论。感知行为控制不仅可以与行为意向共同影响行为，也可以调整行为意向对行为的效果。在本案例中，健康教育受众是中学生，他们上网的主要需求是娱乐放松、同学交往、学习辅导、搜寻生活知识等。第一，泰安市精神病医院青少年心理专家旨在通过提供网络成瘾危害等相关知识，帮助中学生建立关于网络危害的知识、信念和态度；

第二，通过讲解正确使用和安全使用网络等技能，帮助中学生提高抵制网络不良信息和不法行为的自我效能；第三，通过组织学生开展室外团体心理游戏，为中学生提供面对面形式的社会交往机会，塑造和发展面对面社交模式，帮助中学生建立虚拟型社交模式的替代模式，从而引导中学生发展社交模式的自我效能和主观规范。

3. 实践推动

本案例的网络成瘾预防活动项目依循理性行动与计划行为理论框架，针对行为干预中的信念、态度、主观规范、自我效能等多个靶点，实施健康教育活动，建立正确使用网络的行为和改变网络成瘾的行为。

(三) 课堂讨论

(1) 以网络成瘾预防行为为例，描述与行为相关的行为信念、行为态度、主观规范、自我效能、行为意向分别是什么？

行为信念是指行为主体对行为的结果或特性所持的信念，即个体在主观上，认为采取某项行为可能造成某种后果的可能性。在网络成瘾预防行为方面，一些可能的信念包括：认识网络成瘾对身心健康的负面影响；相信通过预防行为可以减少网络成瘾的风险；相信个人有能力控制自己的网络使用行为。

行为态度是指行为主体对某种行为的一般而稳定的倾向或立场，即对于某个特定的行为，从自己的观点进行衡量时所给予的正面或负面的评价。在网络成瘾预防行为方面，一些可能的态度表现包括：认为网络成瘾预防行为是重要且有益的；认为参与网络成瘾预防行为是一种对自己和他人负责的表现；认为网络成瘾预防行为可以提高个人的幸福感和生活质量。

主观规范是指他人的期望使行为主体做出特定行为的倾向程度，反映的是重要的他人或团体对个体行为决策的影响。在网络成瘾预防行为方面，一些可能的主观规范表现包括：认为家人、朋友和同学都支持自己参与网络成瘾预防行为；认为参与网络成瘾预防行为是社会大众理应做的事情；相信自己身边的重要他人会支持和认同自己的网络成瘾预防行为。

自我效能指个体对自己执行某项行为的评估，是个体对自己执行某项行为能力的感知。在网络成瘾预防行为方面，一些可能的自我效能表现包括：相信自己可以有效地控制自己的网络使用行为；相信自己可以坚持网络成瘾预防行为，并克服挑战和诱惑；相信自己可以获取必要的支持和资源来进行网络成瘾预防行为。

行为意向是指行为主体发生行为趋势的意愿，为发出行动之前的思想倾向和行为动机，是一个人准备执行某项行为的可能性。在网络成瘾预防行为方面，一些可能的行为意向包括：表达出参与网络成瘾预防行动的意愿；表示会在日常生活中采取具体的网络成瘾预防行为措施；表示将会积极参与相关的网络成瘾预防活动和项目。

（2）加强网络成瘾预防效果有哪些促进因素？

第一，全面的家庭教育：家庭教育是预防网络成瘾的基础，家长应该做好孩子的引导和监督工作，培养他们正确使用网络的意识和技能。

第二，学校教育：学校应该开展相关教育活动，增强学生对网络成瘾的认识，提供针对性的指导和帮助。

第三，社会宣传和教育：社会各界应加强对网络成瘾害处的宣传，增强公众意识，提高社会对网络成瘾的关注度。

第四，提供丰富多样的娱乐活动：为了减少青少年对网络的依赖，社会应提供更多丰富多样的娱乐活动，帮助他们建立兴趣爱好，选择更加有益的消遣方式。

第五，加强监管和控制：政府和相关部门应加强对互联网的监管，加强对未成年人的保护措施，限制未成年人使用互联网的时间和内容。

第六，建立支持和帮助体系：为那些已经出现网络成瘾问题的人提供专业的心理咨询和康复服务，帮助他们摆脱网络成瘾。

（3）在上述网络成瘾预防行为案例中，采取了哪些方法和技术？

上述网络成瘾预防行为案例中体现了理性行动与计划行为理论的实践应用。理性行动理论包括信念、态度、意向和行为。理性行动理论认为行为意向是直接决定行为的重要要素，而个体行为意向受个体实施行为的态度和与行为有关的主观规范的影响。计划行为理论是在理性行动理论运作框架中，考虑个体不可能完全用意志控制行为的情形，而引入感知行为控制要素的一种理论。感知行为控制不仅可以与行为意向共同影响行为，也可以调整行为意向对行为的效果。本案例的网络成瘾预防活动项目依循理性行动与计划行为理论框架，针对行为干预中的信念、态度、主观规范、自我效能等多个靶点，实施健康教育活动，建立正确使用网络的行为和改变网络成瘾的行为。

四、健康教育基地

（一）案例内容

我国东部沿海某市口腔医院在该市市政府的大力支持下创建了市口腔健康教育基地，充分发挥公立医院的公益性，利用专科医院技术优势，面向全社会开展口腔健康知识、行为、理念的普及工作。

该口腔健康教育基地面积达 800 平方米，自建成以来充分利用口腔健康教育资源，建立了覆盖城乡的口腔疾病防治工作网络。当地居民特别是儿童的口腔健康水平得到明显提高，形成了百姓满意、政府认可、医院发展的良好局面。

1. 基地功能分区

（1）口腔健康教育展区。展区内设 6 个主题分展区，以及刷牙示教室、互动游戏室、多媒体教室。6 个主题分展区分别介绍了正常口腔解剖结构、牙体牙髓疾病、口腔修复学疾病、口腔颌面外科疾病、错合畸形及牙周疾病的病因和发生发展过程、预防方法及治疗方法，利用展板、展架、牙齿解剖模型等工具向群众开展直观生动的口腔健康教育。参观群众可以在刷牙示教室练习正确的刷牙方法，在互动游戏室扮演牙医，克服对牙科的恐惧，还可以在多媒体教室参加专业的口腔保健讲座。

（2）口腔医学历史展区。展区以博物馆的形式展示了自旧石器时代至目前的口腔医学发展简史。展区不仅有大量的展板、图片，还收集了史前动物牙齿化石、记载牙齿保健历史的古籍善本、清代及近代牙齿保健用品、近代及当代口腔医疗设备等大量历史文物，大力弘扬了口腔医学发展文化。其中，口腔医疗设备系列有从新中国成立前最简易的牙科立杆钻、油泵牙椅，到目前国际最先进的三叠式牙科综合治疗台，反映了牙科设备和技术的发展史，是口腔健康教育基地的一大亮点。

（3）口腔保健用品大世界。其荟萃了国内外不同品牌的各种口腔保健用品，从牙膏、牙刷、牙线到冲牙器、喷雾剂、假牙冲洗器等。医院安排口腔医护工作者根据参观者自身情况为他们推荐适合的口腔护理用品，并亲自教会他们正确的使用方法，为百姓了解和使用口腔保健用品提供了方便，为更多、更好的口腔保健用品深入百姓生活搭建了良好的平台。同时，医院配备了专业口腔医生指导参观者正确使用正规的口腔护理用品，并定期开展口腔健康教育讲座。

（4）口腔健康教育流动基地。其又称口腔流动诊疗车，车上配备了口腔诊疗椅,可开展口腔诊疗服务。口腔流动诊疗车承担着进社区、下基层、进校园等公益活动任务,平均每年义诊50场次,可为医疗条件落后地区的人群及行动不便的老人提供上门口腔诊疗服务。在口腔流动诊疗车上,医生可以开展洗牙、补牙等居民需求量较大的诊疗活动。

2. 以基地为平台,拓展口腔疾病预防工作

(1) 开展口腔健康进校园活动。在市卫生局、财政局、教体局的大力支持下,医院开展了口腔健康进校园活动,每年为4万名在校学生进行口腔健康查体,建立口腔健康档案;同时通过讲座、参观等形式,普及口腔保健知识。

(2) 大力推广窝沟封闭和氟化泡沫防龋治疗。在日常参观活动中,基地有针对性地向家长和儿童宣传窝沟封闭防龋知识,提高他们对治疗意义的认识;并在适龄儿童中开展窝沟封闭和氟化泡沫防龋治疗。市南区政府出资为全区适龄儿童进行了免费窝沟封闭和氟化泡沫防龋治疗,二年级小学生窝沟封闭率大于98%,一年级小学生氟化泡沫防龋率大于98%。

(3) 开展口腔健康团体会员活动。基地充分利用宣传资源,与医院联合开展团体会员活动,面向单位、社区、机关招募团体会员,免费为会员单位进行健康教育讲座、查体、参观,并为团体会员提供优惠的口腔医疗服务,在面对面普及口腔保健知识的同时也宣传了医院先进的治疗理念和技术,收到了社会效益和经济效益双赢的结果。目前,基地已招募团体会员300多家,举办讲座300余场,发放健康处方、宣传折页5万余张,有10万人受益,到医院就诊的患者增加,民众健康意识明显提高。

(4) 开展口腔公益医疗服务。为了能使更多的群众从基地工作中受益,使口腔健康教育工作更加普及,基地还针对老年人、流动人口、农村居民等开展了大量口腔公益医疗服务:利用口腔流动诊疗车,到老年公寓、社会福利院以及孤寡老人家中,为老年人提供口腔医疗服务；定期邀请流动人口参观口腔健康教育基地，并为他们提供口腔疾病预防服务；定期安排专家到乡镇卫生院诊治患者及培训医生；充分利用现有资源，定期走上街头，举行义诊咨询活动。

（二）案例分析

1. 思政元素

口腔健康是全身健康的重要组成部分。《"健康中国2030"规划纲要》明确提出："加强口腔卫生工作，12岁儿童患龋率控制在25%以内。"《中国防治慢性病中长期规划（2017—2025年）》也要求开展"三减三健"行动，即减盐、减油、减糖、健康口腔、健康体重、健康骨骼专项行动。《健康口腔行动方案（2019—2025年）》指出，全面贯彻习近平新时代中国特色社会主义思想和党的十九大、十九届二中全会、十九届三中全会精神，落实全国卫生与健康大会和《"健康中国2030"规划纲要》部署，坚持以人民健康为中心，坚持预防为主、防治结合、突出重点、统筹资源，以提高群众口腔健康水平为根本，以健康知识普及和健康技能培养为基础，以口腔疾病防治适宜技术推广为手段，以完善口腔卫生服务体系为支撑，全面提升我国口腔健康水平，助力健康中国建设；同时，提出了"到2020年，口腔卫生服务体系基本健全，口腔卫生服务能力整体提升，儿童、老年人等重点人群口腔保健水平稳步提高。到2025年，健康口腔社会支持性环境基本形成，人群口腔健康素养水平和健康行为形成率大幅提升，口腔健康服务覆盖全人群、全生命周期，更好满足人民群众健康需求"的行动目标。

2. 理论产出

该案例体现了健康场所建设的实践应用。场所指人们从事日常活动的处所，如果这些处所各种因素均有益于健康，则称为健康场所。健康场所的概念框架强调其应实现平等、参与、增权、合作和可持续等基本价值，包括社会生态学模式、动态系统模式及整体发展模式三个关键特征模式。

3. 实践推动

健康促进医院是健康场所中的一类，是应用健康教育与健康促进的策略，促使医院结构及功能实现由以疾病为中心向以患者和健康为中心转变。医院健康教育与健康促进是全民健康教育与健康促进的重要组成部分，是社会发展和医学进步的产物，贯穿于预防、治疗、护理、康复、管理等诸多环节。

（三）课堂讨论

（1）在该市口腔健康教育基地案例中，如何通过建设口腔健康教育基地加强口腔卫生工作？

通过口腔健康教育基地的建设，充分发挥公立医院的公益性，利用专科医院技术优势，面向全社会开展口腔健康知识、行为、理念的普及工作，在全社会形成注重口腔卫生的风气。

在基地内建设多个展区，如口腔健康教育展区、口腔医学历史展区和口腔保健用品大世界，向基地参观者展示口腔相关健康知识和保护口腔健康的方法，让更多人在日常生活中注意保护口腔健康。

利用口腔流动诊疗车开展口腔诊疗服务，为医疗条件落后地区的人群及行动不便的老人提供上门口腔诊疗服务。在流动诊疗车上，医生可以开展洗牙、补牙等居民需求量较大的诊疗活动。

以基地为平台，拓展口腔疾病预防工作。开展口腔健康进校园活动，大力推广窝沟封闭和氟化泡沫防龋治疗，开展口腔健康团体会员活动，开展口腔公益医疗服务。

（2）对于该案例，可从哪些方面进行健康教育与健康促进项目效果评价？

项目实施后该市居民的口腔健康情况和身体健康状况，可使用口腔疾病患病率、发病率、死亡率等指标进行评价。

项目实施后该市居民的生活质量，可使用生活质量指数、生活满意度指数、社区行动情况等指标进行评价。

（3）健康场所建设有哪些基本原则？

促进群众参与原则：人们能够主动、诚挚地参与有益于健康的活动。

建立多部门合作的伙伴关系原则：政府或组织内部各部门以及政府和非政府组织之间为了解决健康问题而一起工作。

可持续发展原则：一方面，需要采用历史积累的办法，将其累积效应发挥出来；另一方面，需要在项目设计和效果评价中采用利益相关者分析，将其综合效应展现出来。

参考文献

［1］大围山国家森林公园管理处. 扎实开展第 34 个爱国卫生月系列活动［EB/OL］.（2022 - 05 - 08）［2022 - 05 - 10］. http：//www. liuyang. gov. cn/lyszf/zfgzdt/bmyqdt/202205/t20220507_10562015. html.

［2］国家卫生计生委统计信息中心. 2013 第五次国家卫生服务调查分析报告［M］. 北京：中国协和医科大学出版社，2015.

［3］国家卫生健康委宣传司. 青岛市口腔健康教育基地：第九届全球健康促进大会案例［EB/OL］.（2016 - 11 - 15）［2022 - 05 - 10］. http：//www. nhc. gov. cn/xcs/s3582/201611/0ed21dcd96694704b79c7d0c382d7920. shtml.

［4］国家卫生健康委宣传司. 浙江省杭州市健康城市建设：第九届全球健康促进大会案例［EB/OL］.（2016 - 11 - 14）［2022 - 05 - 10］. http：//www. nhc. gov. cn/xcs/hyzl/201611/

86ff4f8b953248599ca5cf4e487e3d23.shtml.

［5］绩溪县人民政府办公室. 伏岭镇开展爱国卫生月活动［EB/OL］.（2022－04－29）［2022－05－10］. http://www.cnjx.gov.cn/About/show/1364832.html.

［6］莱西市卫生健康局. 莱西市卫生健康局开展预防未成年人网络沉迷宣传活动［EB/OL］.（2021－12－01）［2022－05－10］. http://www.laixi.gov.cn/xxgk_16/bmxxgkml_16/lx-swsjkj_16/xxgkml_16/gzdt_16/202203/t20220327_5081067.shtml.

［7］李长宁. 健康传播材料制作与评价［M］. 北京：人民卫生出版社，2018.

［8］田向阳. 健康传播学［M］. 北京：人民卫生出版社，2017.

［9］王磊. 泰安市卫健委开展预防未成年人网络沉迷宣传教育走进校园活动［EB/OL］.（2022－06－15）［2022－05－10］. http://wjw.taian.gov.cn/art/2022/7/13/art_48229_10304381.html.

［10］王柳行，曹志友. 健康教育与健康促进教程［M］. 北京：中国中医药出版社，2009.

［11］张振河，程丽华，王耀珂. 荥阳市高村乡积极开展爱国卫生月系列活动［EB/OL］.（2022－04－29）［2022－05－10］. https://www.zyjjw.cn/zz/news/2022－04－29/730057.html.

（王皓翔　匡　莉）